予約の取れない
家政婦マコの
ポリ袋でつくりおき

栄養士／アイデア料理研究家 mako

はじめに

はじめましてmakoです。
本書を手に取っていただきありがとうございます。私は幼いころから料理が好きで、栄養士、フードコーディネート、家政婦など、ずっと料理に関わる仕事をしてきました。

そして私は今、これまでの仕事に加えて、「アイデア料理研究家」としても活動しています。色々なアイデアを使って料理が苦手な方でも、どなたでも、簡単においしく作れるようなレシピを、日々研究しているのです。

「ポリ袋」を使うアイデアもそのひとつです。私の2作目となる本書では、すべてこの「ポリ袋」を使ったレシピとなります。

1作目の『魔法のポリ袋レシ

ピ』では、ポリ袋と湯煎のテクニックを紹介しましたが、今作では、電子レンジを使った新しいワザも多数紹介いたします。

私がここまでポリ袋調理を推す理由は、まず洗い物が圧倒的に少ないこと。さらにひとつの鍋で何品も一気に作れること。その上、セミ真空調理で、栄養素を逃さず、お肉やお魚もしっとり。味がギュッと染み込むので、調味料も少なく、減塩になります。加えて災害時にも、洗い物を増やさずに調理できます。

あまりなじみのない調理法ですが、やってみると、とても面白いんです。ですからみなさんも、ぜひ楽しみながら料理を作っていただけるとうれしいです。

ポリ袋1枚の料理革命！

ネットで買えます！
「加熱・ポリ袋」
などで検索しましょう！

ポリ袋は万能調理道具です♪

ここがスゴイ！

1 熱に強いのでセミ真空調理ができる！

「ポリ袋」こと「高密度ポリエチレン」を料理におすすめする理由は、まず「熱に強い」こと。耐熱温度が約110℃と沸騰したお湯に入れても、レンジに入れても大丈夫！いろんな使用法ができて、レシピの幅が広がるんです。ページの下にも書いていますが、くれぐれも「ビニール袋」と間違えないように！

2 洗い物が出なくてラクラク！

ボールに入れて材料を混ぜ合わせたり、菜箸で炒めたり、お料理ができあがったと思ったら、大量の洗い物でグッタリなんてことありますよね。でも、そんな面倒な大仕事をポリ袋なら捨てるだけでOK。また洗い物が少ないので、災害時やアウトドアにも重宝します。

3 マイナス温度にも強いので、冷凍保存もOK！

料理ができあがったらそのまま「冷凍庫へGO！」。料理の下ごしらえのストックも袋に入れて「冷凍保存」できます。「ポリ袋」はマイナス約30℃と耐冷温度もすぐれているんです。だから週末の作り置き（P.118）にも大活躍。忙しい毎日に「ポリ袋」は欠かせない調理アイテムなのです。

！ 調理で使用するポリ袋は食品用、キッチン用の、高密度ポリエチレンでできた、耐熱90〜110℃の半透明の袋です。透明のビニール袋（塩化ビニル樹脂使用）や低密度ポリエチレンは熱に耐えられないので使用しないでください。必ず商品裏の注意書きをチェックし、加熱使用NGの項目がないか、耐熱温度の低い品ではないかを確認してください。

買う時に Check!

	耐熱温度
高密度ポリエチレン	90〜110℃
低密度ポリエチレン	70〜90℃
塩化ビニル樹脂（ビニール袋）	60〜80℃

ポリ袋調理
おどろきの 2 つの使い方

1 ポリ袋 × 湯煎

「セミ真空調理」で味がしっかり染み込む

専用の容器を使用し低温で調理することを「真空調理」と呼びます。ですが私がおすすめしているのは、ポリ袋を利用した「セミ真空調理」。口を結んだ袋は、水分の過剰な蒸発を防ぎます。だから少ない調味液でも「味が染み込む」のです。なおかつ「短時間」でほったらかしの「手間なし」で料理が作れます。

> どちらも
> 簡単&おいしい！
> 調理の詳しい手順は
> 次のページからご紹介◎

2 ポリ袋 × レンジ

水蒸気のチカラで食材がふっくら仕上がる

ポリ袋をレンジで加熱すると、食材の水分が蒸発し、やわらかさを生み出します。固い根菜類もレンジなら短時間で蒸し上げることができるのです。ですが袋の中の圧力が高まると、破裂するおそれがあります。「袋の上部に爪楊枝で穴を開ける」や、「口を浅くたたんで」などのレシピの指示をしっかり読んで行いましょう。

［ポリ袋×湯煎 キホンの使い方］

材料をポリ袋に入れる

とろみづけの
片栗粉も全部
一度に一緒でOK!

材料まるごとポリ袋にIN

セミ真空調理は、袋の中で調理完結がキホン。だから材料はすべて袋の中へ。調味料を合わせるために、いったん食材をボールへ移すなど、余計な手間も調理器具もいりません。また閉じられた袋の中で調理が終わるから、少ない調味料と短い時間で、しっかり味つけされた料理を作れるのです。

袋を振って全体をなじませる

材料と調味料を袋に入れたら、袋ごと振って味をなじませます。セミ真空調理は、加熱中に袋を開けることはできません。だから加熱前によく混ぜます。味や火の通りに偏りのないように。またポリ袋は、袋のなかでお肉をこねたり、クラッカーを砕いたりと調理器具のような役割も果たします。

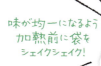

味が均一になるよう
加熱前に袋を
シェイクシェイク！

セミ真空状態を作って口をしばる

しっかり真空にするには

余裕のある方は、ボールなどに水を溜めて、その中に袋を浸けて空気を抜けばしっかり真空に。水圧が空気抜きの手助けをしてくれます。ひと手間かかる作業ですが、セミ真空調理をより効果的にするポイントです。

中身を平らにならす

お湯に浸ける前に、まず袋の中身を整えます。型崩れを防いだり、均一に火が通るように、袋の中身は平たくします。ゴロゴロとした素材を加熱する場合は、重なり合わないように一列に並べること。見栄えする料理に必要なひと手間です。

袋の上の方で口をしばる

袋の口を結ぶ際は、空気を押し出しながら結びましょう。空気を抜く理由は、水分の蒸発を防ぐため。そして少ない調味料を袋の中すみずみにまで回すためです。空気が残っていると水中で袋が浮いてしまうので、空気抜きは重要です。

ポリ袋を湯煎する

こんな時は立てて湯煎して

オムライス（P.58）やオムレツなど、液状の材料を丸く成形して固めたい場合は、結び口を上にして立てた状態のまま湯煎します。浮力を使って丸く仕上げるため、水はたっぷりと入れましょう。

鍋底に皿を置いて火にかける

いくら熱に強いポリ袋でも、鍋底の熱に触れると溶けてしまいます。湯煎をする際は、必ず鍋の底に「お皿」を敷きましょう。鍋の直径より少し小さいくらいで、平らなものが最適です。お皿が小さすぎると、ポリ袋が鍋底に付くので注意。

食材を皿の上に置き、泡が出る状態を保つ

湯煎の火加減は「鍋底から泡がポコポコ出る」くらいをキープ。お湯が沸いたらポリ袋をゆっくりと沈め、皿の上に平らに置きます。袋を入れた直後は一時的に温度が下がることも考慮して、お湯の温度は「泡ポコポコ」を保ちましょう。

鍋底には必ず皿を敷いて袋が直接触れないように注意！　また、鍋肌に触れると耐熱温度を超えて溶ける恐れがあるので、大きめの鍋で状態を見ながら調理しましょう。

「ポリ袋×湯煎」調理
ここがうれしいポイント

1 セミ真空調理で味の染み込みが早い

ポリ袋に食材と調味料を入れ、「セミ真空状態」で湯煎すると、普通に煮るのと比べて、断然味が早く染み込みます。特に、だしがしっかり染みて、ほろほろになった大根の煮物や、とろとろの豚の角煮など、完成までに1時間程度かかるような煮込み調理も、湯煎調理なら数十分で完了です◎

2 一度に数品を一気に調理できる！

底の大きい鍋を使って湯煎をすれば、一度の湯煎で2〜3品程度のポリ袋を調理することができます。それはつまり、今日の晩ごはんのメインの肉料理、副菜の野菜料理2品を一気に調理することができるということ♪ 家事に育児に仕事に、平日忙しいみなさんの味方となってくれるはずです。

3 魚も野菜も煮崩れの心配が少ない

野菜や魚の煮物などを作る時、しっかり味を染み込ませたいけど、長時間煮込むことで煮崩れはさせたくない…そんなジレンマを解決するのが、ポリ袋×湯煎調理です。セミ真空状態で煮込むので食材同士がぶつからず、さらに短時間で煮込みが完了するので煮崩れの心配がありません。

[ポリ袋 × レンジ キホンの使い方]

野菜などの素材をふっくら蒸す

普通にコンロで蒸すと数十分もかかる、じゃがいもやさつまいも
などの蒸し野菜も、これなら短時間でおいしく仕上がります◎

1 食材をごろっと袋に入れる

野菜を洗い、必要に応じて皮をむき、細かく切らずにごろっと袋にIN。切る必要がある際は蒸した後に。大きめのまま蒸すことでふっくら蒸しあがります。固い野菜は生で切るのも大変。覚えてほしいポイントです。

2 袋を折り曲げて食材で押さえる

食材を袋に入れたら、上から3分の1程度の部分で内側に折り曲げて食材で口を押さえます。この時、口は結ばず折るだけ、が重要。結んでしまうと、蒸した時に発生した水蒸気で袋が破裂してしまいます。

ポリ袋は口を結ばず折るだけ！ポイントです◎

3 その状態のままレンジでチン！

袋の口を折って食材で押さえたまま、電子レンジの内皿にのせて加熱スタート！ 内皿がない場合はレンジ加熱可能な皿の上にのせて加熱を行ってください。所定の時間で一度蒸し具合を確認し、必要に応じて追加を。

芋以外でも、もちろんOK！野菜をいろいろ食べよう♪

レンジでホカホカ蒸し調理

ポリ袋があれば蒸し器いらずのスチーム料理ができます。またスープやシチューなど一度にたくさんのアツアツ料理を調理することも！

1 食材をすべて入れて味をなじませる

レンジ調理のキホンも湯煎と同じ。材料と調味料は全部一緒に袋に入れます。そして手に持って軽く振る。調味料などそれぞれの素材同士をなじませましょう。量が多い場合は、手で袋を握り、こねるように混ぜ合わせるといいでしょう。

2 袋に空気を入れて上の方で口をしばる

レンジで調理する場合、大切なのが袋に「空気を入れる」こと。加熱すると水分が膨張しますので、内部に余裕を持たせましょう。空気を袋に入れるから、袋の容積が増え、結ぶ位置は必然的に上にあがります。袋のサイズを今一度確認を。

3 結び口のまわりに爪楊枝で穴を開ける

同じくレンジ調理で大切なのが、「穴を開ける」こと。先述したように温まると袋の中がふくらみます。袋の圧を逃して破裂させないよう回避するのが、この「穴を開ける」作業。液体が多めの場合は耐熱皿に据え置いて開けてもOK。

4 耐熱皿の上に置いてレンジでチン！

レンジの出し入れを簡単にするのが、耐熱皿にポリ袋を置いて移動させること。耐熱皿は袋よりも直径が大きく平らなものが好ましいです。皿の上にポリ袋を静かに置いて、袋の中身を平らにならします。重ならないよう配置に工夫を。

14

「ポリ袋×レンジ」調理
ここがうれしいポイント

1 水蒸気で食材が ふっくら仕上がる

レンジの加熱パワーと同時に注目したいのが、水蒸気のチカラ。素材自らが持つ水分が袋に広がり、しっとりやわらかな食感に仕上げます。パサつきやすい赤身肉やじゃがいもなどの根菜類。時間をかけずともこれらの素材をジューシーに加熱できるのです。直火で固く調理するよりも、レンジでほったらかしが便利。

2 火の通りにくい野菜も 時短でふっくら

じゃがいもやかぼちゃ、れんこんなど、固い野菜も一気にやわらかくできるのがレンジ調理の特徴。直火よりも正確かつ均一に火を通します。だからレンジは下茹でいらず。サラダに使う根菜も短時間でしっとりやわらかに。またハヤシライスなど「煮込み」料理も短時間ですませられるのも便利なポイント。

3 レンジなら1袋で たくさん調理できる

ポリ袋なら、どんな形の素材も変幻自在に包めます。だから袋の大きさを選べば、数人分のハヤシライスなど、ボリューミーな料理も一度に短時間で調理できます。もちろん大きな鍋やフライパンなど、骨の折れる洗い物も出ません。忙しい日々でもおいしく栄養たっぷりな料理をポリ袋×レンジなら作れちゃいます。

ほかにはこんな使い方も！

漬ける！
冷蔵庫内でも省スペース

お肉に下味を付ける、野菜の浅漬けなど、ポリ袋は漬ける調理にも大活躍。冷蔵庫で寝かす料理でも、ポリ袋ならスペースを割かずに据え置けます。セミ真空で味も広がりやすい！

和える！
袋をふくらませてシェイク！

材料を袋に入れて数回シェイク！ 袋を振る動作で、全体に調味料が広がり素材同士が馴染みます。盛りつける前に野菜とドレッシングを和えるなど、混ぜ物全般にポリ袋は便利。

つぶす！
面倒なマッシュもこれで簡単

ひと手間かかるマッシュポテトも袋の中でなら、つぶす作業もラクラク。できたてアツアツの場合も、ふきんを持てば熱くありません。飛び散るような材料を砕く時にも使えます。

こねる！
手を汚さず袋ごとコネコネ

ハンバーグのタネなど、ベタベタする材料も、手を汚さずしっかりと混ぜ合わせることができます。またスイートポテト（P.95）のように、袋の端を切り、絞り出すなど形作りにもポリ袋は便利。

16

本書の使い方

アイコンをチェック！

ポリ袋で加熱調理を行うメニューにはすべて「湯煎調理」か「レンジ調理」かが、ひと目でわかるアイコンを付けました。例えば、コンロがいっぱいの時にもう1品作りたいならレンジ調理アイコンのメニューをチョイスしたり、何か主菜を湯煎で調理する時、せっかくなら同じ鍋でもう1品副菜を作りたい、という場合は2章の湯煎アイコンを探す…といった具合にお役立てください♪

食材からメニューをセレクト◎

ちょうど冷凍の鶏肉があるから、今日は牛肉が安かったから…そんな場合にも使いやすいように主菜の食材ごとにページを構成しました。

ポイントを押さえて失敗しらず♪

ご紹介するのは簡単なメニューばかりですが、少しわかりにくい工程は写真付きでポイントをご説明しました。作る際にチェックすればまず失敗なしです◎

ヒルナンデス！で紹介されたレシピです。

4章掲載の栄養バランスチャートについて

4章の1週間献立には各曜日の1人分のカロリーと塩分（食塩相当量）とともに、栄養バランスチャートを掲載しています。このチャートの値は、厚生労働省が作成した「日本人の食事摂取基準（2015年版）」による、30～49歳の女性（参照身長：158.0cm、参照体重：53.1kg、運動レベル：ふつう／座り仕事が中心だけれど、軽い運動や散歩をする習慣がある人）における1日の推定必要量を元に、計算しています。また、すべてごはん160g（茶碗軽く1杯分）のカロリー、栄養素を含みます。

17

contents

はじめに…4

ポリ袋1枚の料理革命！
ポリ袋は万能調理器具です♪
…6

ポリ袋調理
おどろきの
2つの使い方…8

ポリ袋×湯煎
キホンの使い方…10

ポリ袋×電子レンジ
キホンの使い方…13

ほかには
こんな使い方も！
…16

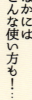

Chapter 1 ポリ袋で「メインおかず」を作り置き …21

〈豚肉のおかず〉
スペアリブBBQソース…22
簡単小籠包…24
ポッサム…26
酢豚風…27
豚肉とパプリカの
ケチャップ煮、
レンコン肉巻き…28
豚肉とサツマイモの煮物…29

〈鶏肉のおかず〉
キウイと鶏の
胸肉ステーキ…30
チーズタッカルビ…32
手羽元の
スープカレー…34
鶏だんごのトマト煮…35
鶏肉とこんにゃくの
味噌煮…36
手羽中のにんにく酢煮、
鶏肉と長芋の醤油バター…37

〈牛肉のおかず〉
タリアータ…38
ハヤシライス…40
牛肉とズッキーニの
オイスターソース煮…42
牛肉と里芋の甘辛煮…43
チーズin煮込みハンバーグ…44
青椒肉絲、肉豆腐…45

〈加工肉のおかず〉
ソーセージの
レタスロール…46
ジャーマンポテト…47

〈魚介のおかず〉
サバのしょうが味噌煮…48
魚のきのこ蒸し…51
白身魚の
レモンバター蒸し…51
ブリの照り焼き…52
イワシの梅煮、
鮭のクリーム煮…53
タコとキノコの
アヒージョ風…54
イカチリ…55
クラムチャウダー…56
アサリとレタスの
エスニック蒸し…57

〈卵のおかず〉
オムライス…58
海鮮卵とじ…60
にらたまもやし、
だし巻き卵…61

〈豆腐のおかず〉
麻婆豆腐…62
厚揚げとえのきの
あんかけ豆腐…65

コラム
洗い物も少なくてカンタン！ 麺こそ、ポリ袋レシピで！ …66

Chapter 2 ポリ袋で「けんこう副菜」を作り置き …69

《免疫力アップ！》
納豆と高菜のソフトふりかけ、れんこんのガーリックきんぴら…70
れんこんのしょうがベーコンあん、納豆チーズ和え…71

《メタボ対策》
チョップドライスサラダ、ひじきとしいたけの煮物、きのこ海藻の酢の物、ごぼうのピリ辛サラダ…73

《カルシウムアップ！》
小松菜と桜海老のナムル、春菊の白和え…74
切り干し大根サラダ、かぼちゃチーズサラダ…75

《美肌メニュー》
かぼちゃのくるみレーズンサラダ、トマトとたくあんのマヨネーズサラダ…76
ブロッコリーとカリフラワーのカレー炒め、キャベツの黒ごま和え…77

《鉄分アップ！》
小松菜とえのきの青のり和え、小松菜のアサリ煮…78
きくらげとえのきの梅味噌和え、こんにゃくとしめじの甘辛煮…79

《便秘解消メニュー》
大豆きのこ煮、じゃがいもとさつまいものサラダ…80
白菜とまいたけのごま和え、ごぼうとしめじの甘辛炒め…81

《冷え改善メニュー》
にんじんときゅうりのマヨネーズサラダ、かぶのしょうがあんかけ…82
ネギのにんにく味噌煮、大根のゆず酢漬け…83

《不眠解消メニュー》
パプリカとチンゲン菜の中華和え、玉ねぎのしそサラダ…84
大根と春菊の和風煮、小松菜のアーモンド和え…85

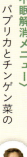

コラム
防災に備えよう！
キャンプでも役立つ！
缶詰×ポリ袋レシピ
…66

| Special 1 | ポリ袋でおせち料理 …98 |
| Special 2 | ポリ袋でクリスマス …104 |

Chapter 3 ポリ袋スイーツレシピ …104

- レアチーズケーキ…90
- パンプディング…92
- にんじんケーキ…94
- スイートポテト…95
- フルーツマシュマロムース…96
- ミルクアイス、キウイシャーベット…97

Chapter 4 ポリ袋レシピで誰でも3時間で23品作り置き！…108

- 月　キウイと鶏の胸肉のステーキ定食…111
- 火　ブリの照り焼き風定食…112
- 水　酢豚風定食…113
- 木　にらたまもやし定食…114
- 金　ハヤシライス定食…115
- 土　手羽中のにんにく酢煮定食…116
- 日　タリアータ定食…117

Let's Start!
3時間で23品作ってみよう！
…118

おわりに…126

おかず貯金、やってみよう！

＊材料に記した分量は、大さじ1＝15㎖、小さじ1＝5㎖です。ポリ袋は食品用の耐熱性のある高密度ポリエチレンのものを使用してください（詳しくはP7）。調理中はポリ袋が鍋底や鍋肌に付かないよう、状態を確認しながら調理してください。

Chapter

1

ポリ袋で「メインおかず」を作り置き

食材別に並べました！
夕食のメイン選びに
便利です◎

今晩のメインはポリ袋におまかせ！
おいしさはもちろん、栄養面も万全◎
さらに調理するみなさんもほったらかしにできて、
洗い物が少なくて楽チン。うれしいことづくめの
メニューが勢揃いしました。

豚肉のおかず

スペシャルデイは
がっつり骨つき肉

スペアリブBBQソース

子どもでも食べやすいやわらかさ。コツは肉の表面をフォークで刺し、調味料を染み込みやすくすること。特別な日やアウトドアにもおすすめ！

作り方

1. ポリ袋にスペアリブを入れ、味が染み込みやすくなるよう肉の表面を突き刺し、塩こしょうする。
2. 1と[A]がなじむように軽く混ぜ、空気を抜いて袋の上部をしっかり結ぶ。
3. 湯を沸かした鍋に入れ、ポコポコ泡が出る状態を保ちながら30分加熱する。

ココがpoint

お肉は均一に並べる

袋の口を結び、お湯に入れる前にちょっと確認。お肉が横一列に並ぶように袋のなかを調整しましょう。お肉が重なると火の通りが悪くなります。お湯に入れてからも並びを再びチェック。

湯煎で30分

材料 2〜3人分

スペアリブ…3〜4本（360g）
塩こしょう…少々

[A]
ケチャップ…大さじ2
ウスターソース…大さじ1
おろしにんにく…小さじ1/2

カンタン小籠包

レンジでラクチン本格飲茶

口のなかにジュワッと広がるスープ。コツはタネとスープを別々に用意すること。レンジとポリ袋の即席せいろで本格中華のできあがり。

材料 2〜3人分

餃子の皮 10枚

[A]
- 熱湯…大さじ3
- 鶏ガラスープの素…小さじ1/2
- 粉ゼラチン…2g
- しょうが（千切り）、ラー油、酢…各適量

[B]
- 豚ひき肉…80g
- 玉ねぎ（みじん切り）…1/8個
- おろししょうが…小さじ1/2
- しょうゆ…小さじ1/2
- オイスターソース…小さじ1
- ごま油…小さじ1

レンジで 5分

作り方

1. [A]をポリ袋でよく混ぜ合わせ、冷蔵庫で1時間ほど冷やし固めてよく揉む。

2. [B]をポリ袋に入れ、粘りが出るまでよく混ぜたら、1を入れてざっくり混ぜる。

3. 餃子の皮の上に2をのせ、皮のまわりに水をつけ、皮をたぐり寄せるように包む。

4. 耐熱の平皿の上にポリ袋を広げ、3を1つづつ並べ、水大さじ1(分量外)をふりかける。空気を入れながら袋の上部をしっかり結び、爪楊枝で数箇所に穴をあける。

5. レンジ500Wで5分加熱する。

ココが point

つまみながら口を閉じる

小籠包は大判のギョウザの皮で包みます。ギョウザの皮のふちに水をつけ、つまみながら回して口を閉じます。加熱時は、破裂防止にポリ袋の上部に爪楊枝で穴を空けることを忘れずに。

材料 2〜3人分

- 豚バラブロック…300g
- 塩…小さじ1/2
- しょうがスライス…8枚
- 長ネギの青い部分…2本

[A]（混ぜておく）
- 味噌…大さじ1
- オイスターソース…小さじ1
- 砂糖…小さじ1
- ごま油…小さじ1
- おろしにんにく…小さじ1/2

厚切りなのに
ふわとろジューシー

ポッサム

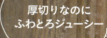
レンジで 10分

作り方

1. ポリ袋に豚バラブロックを入れ、味が染み込みやすくなるよう、肉の表面をフォークで突き刺す。

2. 肉に塩を揉み込み7分ほど置き、肉の表面にしょうがスライスを貼りつける。空気を入れながら袋の上部でしっかり結び、爪楊枝で数箇所に穴をあける。

3. レンジ500Wで10分加熱する。[A]は別容器で保存し、食べる際に添える。

ココが point

しょうがの貼りつけ方

2の工程で塩を揉み込んだ後、肉の表面全体にしょうがスライスを貼りつける。この状態で加熱すると、しょうがの風味がしっかり肉に染み込み、味のアクセントに。

酢豚風

> ポリ袋にポイ、でゆでるだけ！

材料 2〜3人分

- 豚肉薄切り…150g
- ピーマン（乱切り）…2個
- パプリカ（乱切り）…1/2個
- 玉ねぎ（くし切り）…1/2個
- しいたけ（そぎ切り）…2枚
- ケチャップ、しょうゆ、砂糖、酢、オイスターソース…各大さじ1
- 片栗粉…大さじ1/2

作り方

1. 材料をすべてポリ袋に入れ、よく混ぜる。袋の空気を抜き、上部をしっかり結ぶ。
2. 湯を沸かした鍋に入れ、ポコポコ泡が出る状態を保ちながら15分加熱する。

湯煎で15分

れんこん肉巻き

> れんこんに巻くだけ
> 野菜の人気おかず

材料 2〜3人分
- 豚肉薄切り…12枚
- れんこん（1cm幅に切る）…中サイズ12cm
- しょうゆ、みりん、砂糖…各大さじ1

作り方
1. ポリ袋にしょうゆ、みりん、砂糖を入れて、砂糖を溶かすように混ぜる。
2. れんこん1枚につき、豚肉薄切り1枚を巻きつけ、片栗粉をまぶし、1に入れる。
3. 空気を入れながら袋の上部でしっかり結び、爪楊枝で数箇所に穴をあける。
4. レンジ500Wで6分加熱する。

レンジで 6分

> 肉のうま味で野菜がおいしい

豚肉とパプリカの ケチャップ煮

レンジで 10 分

材料 2～3人分

豚肉薄切り（細かくハサミでカット）…100g
パプリカ（黄・1cm角切り）…1/2個
玉ねぎ（1cm角切り）…1/2個
にんじん（1cm角切り）…1/2本
大豆煮…1缶
ケチャップ…大さじ3
顆粒コンソメ…小さじ1
水…100ml

作り方

1. 材料をすべてポリ袋に入れ、よく混ぜる。袋に空気を入れながら上部でしっかり結び、爪楊枝で数箇所に穴をあける。
2. レンジ 500W で 10 分加熱する。

レンジで 8 分

> さつまいもと豚肉 驚きの相性

豚肉とさつまいもの 煮物

材料 2～3人分

豚肉薄切り…150g
さつまいも（ひと口大に切る）…1/2本
いんげん（3等分する）…6本
めんつゆ（2倍濃縮）…大さじ2
水…大さじ2

作り方

1. 材料をすべて入れてよく混ぜる。空気を入れながら袋の上部でしっかり結び、爪楊枝で数箇所に穴をあける。
2. レンジ 500W で 8 分加熱する。

鶏肉のおかず

キウイの酵素力で胸肉がジューシー

キウイと鶏の胸肉ステーキ

キウイの酵素で胸肉がパサつかず
お味は肉のうま味がギュッと濃縮。
ヘルシーな胸肉をしっとり
ジューシーに味わうステーキ。

レンジで6分

ココが point

ひとつの袋で調理完了！

ポリ袋のなかで肉を寝かし、加熱するので、ボールなどの調理器具は最小限でOK。洗い物も後片づけもラクラク。またキウイは主張しすぎずソースになじんで食べやすい仕上がり。

材料 2～3人分

鶏胸肉…1枚 (300g)
塩こしょう…少々
キウイ…1個

[A]
しょうゆ…大さじ1
オイスターソース…大さじ1
にんにくすりおろし…小さじ1

作り方

1. 肉の表面をフォークで突き刺し、塩こしょうする。
2. ポリ袋にキウイを入れてよくつぶし、**1**を入れて15分漬け込む。
3. **2**に[A]を合わせ、空気を入れながら袋の上部でしっかり結び、爪楊枝で数箇所に穴をあける。
4. レンジ500Wで6分加熱する。

チーズタッカルビ

> 辛くないから子どもも大好き

お肉と野菜がはかどる、人気韓国料理にとろけるチーズをオン。本格的な味わいだけど辛くないから家族みんなの人気メニュー！

湯煎で15分

材料 2〜3人分

- 鶏もも肉（ひと口大にカット）…1枚（300g）
- ピーマン（太めの千切り）…2個
- 玉ねぎ（繊維を断つ方向に薄切り）…1/4個
- ケチャップ、焼肉のタレ…各大さじ2
- ピザ用チーズ…70g

作り方

1. ピザ用チーズ以外の材料をポリ袋に入れ、よく混ぜる。空気を抜いて袋の上部をしっかり結ぶ。
2. ❶と別のポリ袋にピザ用チーズを入れ、空気を抜き、上部を結ぶ。
3. 湯を沸かした鍋に❶とチーズの袋を入れ、ポコポコ泡が出る状態を保ちながら15分加熱する。
4. 鶏肉を皿に盛り、食前にチーズを上にのせる。

ひとつの鍋に袋をふたつ

お肉を温める袋と一緒に、ピザ用チーズもIN。ひとつのお鍋で両方を加熱するので調理器具は最小限に。盛りつけるタイミングも一緒だからチーズの温度管理も迷わない!

ココが point

手羽元と野菜のスープカレー

やわらか手羽元 ちょっとスパイシー

レンジで **15分**

材料 2〜3人分

- 手羽元…4本
- かぼちゃ（1cm幅に切る）…1/8個
- にんじん（乱切り）…1/2個
- ナス（縦横半分に切る）…1本
- カレー粉…大さじ1
- 顆粒コンソメ…大さじ1
- おろししょうが、おろしにんにく…各小さじ1
- 水…300ml

作り方

1. 材料をすべてポリ袋に入れ、よく混ぜる。
2. 空気を入れながら袋の上部でしっかり結び、爪楊枝で数箇所に穴をあける。
3. レンジ500Wで15分加熱する。

鶏だんごのトマト煮

大きなおだんごがゴロゴロうれしい♪

材料 2〜3人分

[A]
- 鶏ひき肉…200g
- 玉ねぎ（みじん切り）…1/2個
- 片栗粉…小さじ1
- 塩こしょう…少々

[B]
- カットトマト…1缶
- 玉ねぎ（みじん切り）…1/2個
- しめじ（石づきを取り、ほぐす）…1/2株
- おろしにんにく…小さじ1
- 顆粒コンソメ…大さじ1/2

作り方

1. ポリ袋に[A]を入れ、粘りが出るまでよく混ぜる。タネを袋から出し、6等分して手で丸める。

2. ポリ袋に[B]を入れてよく混ぜる。さらに1を加え、空気を入れながら袋の上部でしっかり結び、爪楊枝で数箇所に穴をあける。

3. レンジ500Wで8分加熱する。

レンジで 8分

こんにゃくでカロリーオフ！

鶏肉とこんにゃくの味噌煮

湯煎で20分

材料 2〜3人分

鶏もも肉（ひと口大にカット）
…1枚（300g）
こんにゃく（ひと口大にちぎる）
…1枚
味噌、しょうゆ、砂糖…各大さじ1
片栗粉…小さじ1
きざみネギ、一味とうがらし…適量

作り方

1. 材料をすべてポリ袋に入れ、よく混ぜる。空気を抜き、袋の上部をしっかり結ぶ。

2. 湯を沸かした鍋に入れ、ポコポコ泡が出る状態を保ちながら20分加熱。お好みで、きざみネギ、一味とうがらしをかける。

手羽中のにんにく酢煮

＞酢でサッパリ ほんのりスパイシー

湯煎で **20分**

材料 2〜3人分

手羽中…12本
にんにく（つぶしておく）…2個
しょうゆ、酢…各大さじ1
顆粒和風だし…小さじ1/2
きざみネギ、一味とうがらし…適量

作り方

1. 材料をすべてポリ袋に入れ、よく混ぜる。空気を抜き、袋の上部をしっかり結ぶ。
2. 湯を沸かした鍋に入れ、ポコポコ泡が出る状態を保ちながら20分加熱。お好みで、きざみネギ、一味とうがらしをかける。

＞長芋にバターと肉のうま味がジュワッ

レンジで **8分**

鶏肉と長芋のしょうゆバター

材料 2〜3人分

鶏もも肉（ひと口大に切る）…1枚（300g）
長芋（皮をむき1cm幅の半月切りに）…8cm
しょうゆ、みりん…各大さじ1+1/2
バター…10g

作り方

1. 材料をすべて入れて、よく混ぜる。空気を入れながら袋の上部でしっかり結び、爪楊枝で数箇所に穴をあける。
2. レンジ500wで8分加熱する。

牛肉
のおかず

お肉を存分に味わえる！

タリアータ

イタリア料理のタリアータ。
焼くだけでも特別なステーキ肉が
ポリ袋でさらにスペシャルな一皿に！
厚切り肉から肉汁がしたたる逸品。

レンジで5分

材料 2〜3人分

- ステーキ用赤身牛肉（ハサミで筋切りをする）…2枚
- 塩こしょう…少々
- おろしにんにく…小さじ1
- オリーブオイル…大さじ1/2
- カット野菜…1袋（写真はベビーリーフ）

[A]
しょうゆ、砂糖、レモン汁、オリーブオイル…各大さじ1
（レンジ500Wで1分半加熱。別容器に保存）

- 粉チーズ…大さじ1

作り方

1. ポリ袋に肉を入れ、塩こしょうし、おろしにんにく、オリーブオイルを揉み込む。
2. 空気を入れながら袋の上部でしっかり結び、爪楊枝で数箇所に穴をあける。
3. レンジ500Wで5分加熱する（作り置きではなく、すぐ食べる場合は加熱時間を短くし、ミディアムレア程度に火を通してもいい）。カット野菜を皿に敷く。その上に2を切って並べ、[A]、粉チーズをかける。

ココが point

ジューシーに仕上げるコツ

ステーキ用牛肉はハサミ等で筋切りをした後、そのまま丸ごと、切らずにレンジ加熱するとジューシーな肉質に仕上がります。その後、食べやすい大きさにスライスしましょう。

> デミ缶いらずで
> コクのある味わい

ハヤシライス

デミグラスソースや専用のルウ不要。ポリ袋なら、トマト缶やバターだけで長時間煮込まなくても素材のうま味を引き出すんです!

材料 2〜3人分

牛肉薄切り…150g
玉ねぎ(薄切り)…1/2玉
マッシュルーム(薄切り)…2個
トマト缶…1缶
バター…10g、
ケチャップ、中濃ソース
…各大さじ2
顆粒コンソメ…小さじ1

作り方

1 材料をすべてポリ袋に入れ、よく混ぜる。空気を抜き、袋の上部をしっかり結ぶ。

2 袋の上部でしっかり結び、爪楊枝で数箇所に穴をあける。レンジ 500W で 12 分加熱する。

> レンジで
> **12**分

40

ココが point

袋の口は上に向けて加熱

大量の汁物調理もレンジ調理なら短時間で完成するのがうれしいところ。加熱する際は、大きめのレンジ加熱可能なお皿にのせて、必ず結び口は上に向けてください。

牛肉とズッキーニのオイスターソース煮

輪切りのズッキーニで華やかなひと皿に

湯煎で15分

材料 2～3人分

牛肉薄切り…150g
ズッキーニ（1cm 輪切り）…1本
オイスターソース…大さじ2
しょうゆ、砂糖、おろしにんにく、片栗粉…各小さじ1

作り方

1. 材料をすべてポリ袋に入れ、よく混ぜる。空気を抜き、袋の上部をしっかり結ぶ。
2. 湯を沸かした鍋に入れ、ポコポコ泡が出る状態を保ちながら15分加熱する。

牛肉と里芋の甘辛煮

里芋ホクホク
ごはんが進む一皿

材料 2〜3人分

- 牛肉薄切り…150g
- 里芋（皮をむいておく）…小12個（300g）
- いんげん（3等分）…6本
- しょうゆ…大さじ1+1/2
- 砂糖…大さじ1・1/2
- かつおぶし…小パック1袋（4g）

作り方

1. 材料をすべてポリ袋に入れ、よく混ぜる。
2. 空気を入れながら袋の上部でしっかり結び、爪楊枝で数箇所に穴をあける。
3. レンジ500Wで10分加熱する。

レンジで 10分

ココが point

チーズの仕込み方

チーズが加熱中に肉から流れ出ないようにするには、平らにした肉の上に細長くチーズを置き、しっかり包み込むのがポイント。ポリ袋の上から作業すれば手も汚れない◎

チーズin煮込みハンバーグ

肉汁をのがさずうま味をギュッ!!

材料 2〜3人分

ピザ用チーズ…60g

[A]
あいびき肉…200g
玉ねぎ(みじん切り)…1/2個
パン粉…1/2cup
卵…1個
塩こしょう…少々

[B]
ケチャップ、中濃ソース、トマトジュース
…各大さじ2(合わせておく)

作り方

1. ポリ袋に[A]を入れて粘りが出るまでよく混ぜた後、下方に寄せる。

2. 1を平たく伸ばし、ピザ用チーズを包み込む。その上から[B]を入れる。袋の空気を抜き、上部をしっかり結ぶ。

3. 湯を沸かした鍋に入れ、ポコポコ泡が出る状態を保ちながら30分加熱する。

湯煎で30分

> 野菜シャキシャキ
> 炒めず手軽に♪

青椒肉絲

材料 2〜3人分

牛肉薄切り…150g
ピーマン（千切り）…4個
茹でたけのこ（千切り）…1/2個
しょうゆ…大さじ1
オイスターソース、砂糖…各小さじ1
おろししょうが…小さじ1/2
片栗粉…大さじ1/2

作り方

1. 材料をすべてポリ袋に入れ、よく混ぜる。空気を抜き、袋の上部をしっかり結ぶ。
2. 鍋に湯を沸かし、ポコポコ泡が出る状態を保ちながら15分加熱する。

> セミ真空なら豆腐に
> 牛肉の脂が染み込む

肉豆腐

材料 2〜3人分

牛肉薄切り…150g
木綿豆腐（8等分）…1/2丁
長ネギ（ななめ薄切り）…1/2本
しょうゆ、砂糖…各大さじ1
顆粒和風だし…小さじ1/4

作り方

1. ポリ袋に材料をすべて入れ、よく混ぜる。空気を抜き、袋の上部をしっかり結ぶ。
2. 湯を沸かした鍋に入れ、ポコポコ泡が出る状態を保ちながら15分加熱する。

加工肉のおかず

ソーセージのレタスロール

いつものソーセージがごちそうに変身！

湯煎で10分

材料 2〜3人分

ソーセージ…8本
レタス…8枚
顆粒コンソメ…小さじ1
水…大さじ3

作り方

1. ソーセージ1本をレタス1枚で巻く。それを8個作り、ポリ袋に重ならないよう並べる。
2. 1に顆粒コンソメ、水を入れ、空気を抜く。袋の上部をしっかり結ぶ。
3. 湯を沸かした鍋に入れ、ポコポコ泡が出る状態を保ちながら10分加熱する。

> やわらかポテトに
> しっかり味がつく！

ジャーマンポテト

材料 2〜3人分

- じゃがいも（乱切り）…2個
- ソーセージ（斜め半分に切る）…6本
- 玉ねぎ（薄切り）…1/4個
- おろしにんにく、顆粒コンソメ…各小さじ1
- オリーブオイル…大さじ1
- こしょう …少々

作り方

1. 材料をすべて入れてよく混ぜる。空気を入れながら袋の上部でしっかり結び、爪楊枝で数箇所に穴をあける。
2. レンジ500Wで7分加熱する。

レンジで **7**分

魚介のおかず

サバのしょうが味噌煮

身はしっとり 煮崩れの心配なし

見栄えのする魚料理は ポリ袋におまかせ◎ 落としブタも不要、 ほったらかしで、できあがり！

材料 2人分
- サバ…2切
- しょうが薄切り…4枚

[A]
- 味噌、しょうゆ、砂糖…各小さじ1
- 片栗粉…小さじ1/4
- 水…大さじ1

作り方
1. ポリ袋に［A］を入れ、よく混ぜる。
2. サバ、しょうがを入れ、空気を抜く。袋の上部をしっかり結ぶ。
3. 湯を沸かした鍋に入れ、ポコポコ泡が出る状態を保ちながら15分加熱する。

湯煎で15分

> ココが point

煮崩れせず味も染み込む◎
加熱する際は、切り身が重ならないように袋に入れて、皿の上に平らに置くのがポイント。均一に火が通り、魚料理で悩ましい煮崩れも防ぎながらしっかり味も染み込みます。

材料 2人分

- 白身魚…2切
- 塩…少々
- 酒…小さじ1

[A]
- えのき…1/2株
- しめじ…1/4株（きのこは石づきを取り横半分に切る）
- めんつゆ（2倍濃縮）…大さじ1

作り方

1. 白身魚に塩、酒をふり、10分置く。その後、水気を拭き取る。
2. ポリ袋に1と[A]を入れ、よく混ぜる。袋に空気を入れ、上部でしっかり結ぶ。爪楊枝で数箇所に穴をあける。
3. レンジ500Wで4分加熱する。

きのこのあんかけソースでひと工夫

魚のきのこ蒸し

レンジで **4分**

白身魚のレモンバター蒸し

サッパリレモンにコク深バター風味

材料 2人分
- しめじ（石づきを取りほぐす）…1/4株
- 玉ねぎ（薄切り）…1/4個
- 白身魚…2切
- 塩こしょう…少々
- めんつゆ（2倍濃縮）、レモン汁…各小さじ1
- バター…20g
- レモン（輪切り）、パセリ…各適量

作り方
1. ポリ袋にしめじ、玉ねぎを入れ、その上に白身魚をのせる。上から、塩こしょう、めんつゆ、レモン汁をふりかけ、最後にバターを2等分し、それぞれ切り身の上にのせる。
2. 空気を入れながら、袋の上部でしっかり結び、爪楊枝で数箇所に穴をあける。
3. レンジ500Wで4分加熱する。お好みでレモン、パセリを飾る。

レンジで **4分**

51

材料 2人分

- ブリ…2切
- しょうゆ、みりん、砂糖…各小さじ2
- 片栗粉…小さじ1

作り方

1. ポリ袋にすべての材料を入れ、よく混ぜる。
2. 空気を抜き、袋の上部をしっかり結ぶ。
3. 湯を沸かした鍋に入れ、ポコポコ泡が出る状態を保ちながら15分加熱する。

ブリの照り焼き風

焼かなくても完璧な「照り焼き」

湯煎で15分

イワシの梅しょうが煮

> 梅の香りがしっかり
> イワシがごちそうに！

湯煎で **20分**

材料 2～3人分

イワシ（頭と内臓を取り除き、下処理したもの）…4尾
めんつゆ（2倍濃縮）…大さじ2
砂糖…小さじ1
しょうが薄切り…2枚
梅干し…2個

作り方

1. ポリ袋にすべての材料を入れ、よく混ぜる。
2. 空気を抜き、袋の上部をしっかり結ぶ。
3. 湯を沸かした鍋に入れ、ポコポコ泡が出る状態を保ちながら20分加熱する。

鮭のクリーム煮

> 野菜もたっぷり
> 鮭のメインディッシュ

湯煎で **15分**

材料 2～3人分

鮭（ハサミでひと口大に切る）…2切
白菜（1cm幅に切る）…2枚
コーン…1缶（90g）
牛乳…100ml
バター…10g
顆粒コンソメ、片栗粉…各小さじ1
塩こしょう…少々

作り方

1. ポリ袋にすべての材料を入れ、よく混ぜる。
2. 空気を抜き、袋の上部をしっかり結ぶ。
3. 湯を沸かした鍋に入れ、ポコポコ泡が出る状態を保ちながら15分加熱する。

少しのオリーブオイルで本場地中海の味に

タコとキノコのアヒージョ風

レンジで3分

材料 2〜3人分

- 茹でダコ（そぎ切り）…100g
- マッシュルーム（4等分する）…4個
- しめじ（石づきを取りほぐす）…1株
- オリーブオイル…大さじ3
- 塩…小さじ1/4
- おろしにんにく…小さじ2
- 鷹の爪（種を除く）…1本
- パセリ…大さじ1

作り方

1. 材料をすべて入れて、よく混ぜる（鷹の爪はお好みで入れる）。
2. 空気を入れながら、袋の上部でしっかり結び、爪楊枝で数箇所に穴をあける。
3. レンジ500Wで3分加熱する。

材料 2〜3人分

冷凍イカ（解凍後、格子に切込みを入れ、ひと口大に切る）…300g
片栗粉…適量
長ネギ（みじん切り）…1/4本

[A]（合わせておく）
ケチャップ…大さじ3
砂糖、ごま油…各大さじ1
おろしにんにく、オイスターソース、片栗粉
…各小さじ1

作り方

1. イカの水分を拭き取り、片栗粉をまぶす。
2. ポリ袋に1、長ネギ、[A]を入れ、さっと混ぜ合わせる。空気を抜き、袋の上部をしっかり結ぶ。
3. 湯を沸かした鍋に入れ、ポコポコ泡が出る状態を保ちながら10分加熱する。

エビよりおいしい!?
甘辛イカのごちそう

イカチリ

湯煎で10分

クラムチャウダー

ほろほろポテトと濃厚なスープが◎

レンジで **12分**

材料 2〜3人分

シーフードミックス…150g
玉ねぎ（1cm角切り）…1個
じゃがいも（1cm角切り）…2個
片栗粉…小さじ2
パセリ（みじん切り）…大さじ1
牛乳…400ml
顆粒コンソメ…小さじ2
塩こしょう…少々

作り方

1 材料をすべてポリ袋に入れ、よく混ぜる。

2 空気を入れながら袋の上部でしっかり結び、爪楊枝で数箇所に穴をあける。

3 レンジ500Wで12分加熱する。

アサリとレタスのエスニック蒸し

アサリの出汁にカレーの新感覚！

レンジで 4 分

材料 2〜3人分

- アサリ（砂抜きしておく）…16個
- レタス（ひと口大にちぎる）…4枚
- カレー粉…小さじ1/2
- 酒…大さじ1
- バター…20g

作り方

1. すべての材料を入れて、よく混ぜる。
2. 空気を入れながら袋の上部でしっかり結び、爪楊枝で数箇所に穴をあける。
3. レンジ500Wで4分加熱する。

絶対に失敗しない究極のポリ袋料理!!

オムライス

見栄えのする形にするのが難しい？でもポリ袋なら魔法のようにカンタン！ふんわりとした卵でごはんをくるむ驚きのテクニックを教えちゃいます。

材料 1人分

[A]
- ごはん…茶碗1杯
- ケチャップ…大さじ1
- ハム（1cm角切り）…2枚
- パセリ（みじん切り）…大さじ1
- 塩こしょう…少々

[B]
- 卵…3個
- 牛乳…大さじ1
- 塩こしょう…少々

※[A]と[B]は、別のポリ袋に入れ、それぞれよく混ぜておく

作り方

1. [A]の袋をオムライスの形に手で押さえて成形し、その上に[B]の中身を流し入れる。
2. 空気を抜き、袋の上部をしっかり結ぶ。
3. 湯を沸かした鍋に入れ、ポコポコ泡が出る状態を保ちながら15〜20分加熱する。

湯煎で15分

ココが point

ライスと卵液の合わせ方

ライスの袋に卵液を流す際は、溢れないようゆっくりと。また卵液でライスが崩れないよう、しっかり手で固めておく。このまま上部で袋を結べばちゃんとオムライス型に！

海鮮卵とじ

魚介と野菜が卵で マイルドに mix

材料 2〜3人分

- シーフードミックス…200g
- 長ネギ（斜め切り）…1本
- しいたけ（薄切り）…4個
- 卵…1個
- めんつゆ（2倍濃縮）…大さじ1
- オイスターソース、ごま油…各小さじ1

作り方

1. 材料を袋にすべて入れ、よく混ぜる。
2. 空気を入れながら袋の上部でしっかり結び、爪楊枝で数箇所に穴をあける。
3. レンジ500Wで4分加熱する。

レンジで 4分

> ひと切れで野菜を
> たっぷりめしあがれ

にらたまもやし

材料 2〜3人分

にら（3cm幅に切る）…1/4束
卵…4個
もやし…1/2袋
しょうゆ…大さじ1/2
鶏ガラスープの素…小さじ1
ごま油…大さじ1

作り方

1. 材料をすべて袋に入れてよく混ぜる。
2. 空気を入れながら袋の上部でしっかり結び、爪楊枝で数箇所に穴をあける。
3. レンジ 500W で 6 分加熱する。

> 巻きすでクルりん
> 王道おかずも楽しく

だし巻き卵

材料 2〜3人分

卵…3個
顆粒和風だし…小さじ1/2
しょうゆ…小さじ1/2
塩…ひとつまみ
水…大さじ2

作り方

1. ポリ袋にすべての材料を入れ、よく混ぜる。
2. 空気を抜き、袋の上部をしっかり結ぶ。
3. 湯を沸かした鍋に入れ、ポコポコ泡が出る状態を保ちながら 20 分加熱する。
4. 熱いうちに「巻きす」で形を整える。

> スパイシーで
> アレンジも自由自在！

麻婆豆腐

レトルトもいいけど、自分なりの味つけを楽しみたい麻婆豆腐。makoオリジナルのテクなら、お好みの配合で、一回混ぜれば完成！

湯煎で 20分

材料 1人分

豆腐（12等分）…1丁
豚ひき肉…60g
にら（小口切り）…1/4束
玉ねぎ（みじん切り）…1/8個
おろしにんにく、おろししょうが
…各小さじ1/2
味噌、オイスターソース、ごま油、片栗粉…各大さじ1
とうがらし輪切り…適宜

作り方

1. 豆腐以外の材料をポリ袋に入れ、よく混ぜ、平らにならす。
2. 1の上に豆腐を並べ、空気を抜く。袋の上部をしっかり結ぶ。
3. 湯を沸かした鍋に入れ、ポコポコ泡が出る状態を保ちながら20分加熱する。

ココが point

豆腐を並べる時には

1の工程で肉などの材料をしっかり平らにしたら、**2**では写真のように切った豆腐を並べていきます。並べ終わったらこの平らな状態のまま鍋の中の皿に置き、湯煎します。

厚揚げとえのきの煮物

味が染み込みにくい厚揚げもこっくり

湯煎で10分

材料 2～3人分

厚揚げ（8等分する）…1丁
えのき（石づきを取り半分に切る）…1袋
いんげん（3等分に切る）…4本
めんつゆ（2倍濃縮）…大さじ2
砂糖…大さじ1/2
きざみネギ…適量

作り方

1. 厚揚げ以外の材料をポリ袋に入れ、よく混ぜ、平らにならす。
2. 1の上に厚揚げを並べ、空気を抜く。袋の上部をしっかり結ぶ。
3. 湯を沸かした鍋に入れ、ポコポコ泡が出る状態を保ちながら10分加熱する。きざみネギをお好みで散らす。

材料 2〜3人分

- 豆腐（8等分する）…1丁
- にんじん（千切り）…1/6本
- しいたけ（薄切り）…2枚
- 玉ねぎ（薄切り）…1/4玉
- めんつゆ（2倍濃縮）…大さじ2
- しょうゆ…大さじ1/2
- 片栗粉…大さじ1
- 大葉（千切り）…適量

作り方

1. 豆腐以外の材料をポリ袋に入れ、よく混ぜ、平らにならす。
2. 1の上に豆腐を並べ、空気を抜く。袋の上部をしっかり結ぶ。
3. 湯を沸かした鍋に入れ、ポコポコ泡が出る状態を保ちながら10分加熱する。大葉をお好みで散らす。

とろみで野菜と豆腐のおいしさUP

あんかけ豆腐

湯煎で **10分**

洗い物も少なくてカンタン！
麺こそ、ポリ袋レシピで！

麺はもちろん、お湯にくぐらせてゆでますが、
そこにソースの入ったポリ袋を一緒に湯煎すれば楽ラク！
袋の中で麺を和えて完成です♪

生のアサリを使うと
一気に本格的な
イタリアンに！
生パセリで彩りplus

湯煎で
15分

みんな大好きトマト＆魚介ソース
ペスカトーレ

材料 2～3人分

パスタ…200g

[A]
アサリ（砂抜きしておく）…8個
シーフードミックス…100g
玉ねぎ（みじん切り）…1/4個
カットトマト…1缶
オリーブオイル…大さじ2
おろしにんにく…小さじ1
顆粒コンソメ…大さじ1
塩こしょう…少々

みんな大好きパスタも！
魚介のだしがしっかり効いたペスカトーレソース！ ポリ袋で作るからこそ短時間でおいしく仕上がります。同時に完成するので、茹でたパスタが冷める心配不要なのがうれしい◎

作り方

1. [A]をポリ袋に入れ、よく混ぜる。空気を抜き、袋の上部をしっかり結ぶ。

2. 湯を沸かした鍋に入れ、ポコポコ泡が出る状態を保ちながら15分加熱する。鍋の空いたスペースでパスタを所定の時間茹でる。

> **中華麺もポリ袋で！**
> 中華麺と肉味噌が1つの鍋で完成！ 通常通り肉味噌を別の鍋で作ると、洗い物が1つ増える上、油が残って鍋を洗うのも大変。それがポリ袋ならその面倒をクリアできるのです。

材料をしっかり混ぜるのがコツ。彩りに、大葉やネギを足してもOK

湯煎で15分

ごま油の香りが食欲そそる

ジャージャー麺

材料 2〜3人分

中華麺…3玉

[A]
豚ひき肉…150g
長ネギ（みじん切り）…1/2本
しいたけ（みじん切り）…2個
味噌、すりごま、ごま油…各大さじ1
オイスターソース、鶏がらスープの素、片栗粉
…各小さじ1

作り方

1. [A] をポリ袋に入れ、よく混ぜる。空気を抜き、袋の上部をしっかり結ぶ。

2. 湯を沸かした鍋に入れ、ポコポコ泡が出る状態を保ちながら15分加熱する。鍋の空いたスペースで中華麺を所定の時間茹でる。

クリーミーで食べごたえ十分
きのこクリームパスタ

大粒のこしょうをふりかけるときのことベーコンの味を引き立てます

材料 2〜3人分

パスタ…200g

[A]
マッシュルーム(薄切り)…2個
しめじ(石づきを取りほぐす)…1/2袋(50g)
エリンギ(横半分に切ったあと、薄く切る)…1パック
ベーコン(千切り)…2枚
生クリーム…100ml
おろしにんにく、顆粒コンソメ、片栗粉…各小さじ1
塩こしょう…少々

作り方

1. [A]をポリ袋に入れ、よく混ぜる。空気を抜き、袋の上部をしっかり結ぶ。

2. 湯を沸かした鍋に入れ、ポコポコ泡が出る状態を保ちながら15分加熱する。鍋の空いたスペースでパスタを所定の分数茹でる。

中華そばをアジア風にアレンジ
カレーラーメン

材料 2〜3人分

中華麺…3玉

[A]
豚肉薄切り(ハサミでひと口大に切る)…100g
にら(3cm幅に切る)…1/4本
玉ねぎ(薄切り)…1/4個
しめじ(石づきを取りほぐす)…1/2袋(50g)
鶏ガラスープの素、しょうゆ…各大さじ1
カレー粉、片栗粉…各大さじ1/2
水…300ml

作り方

1. [A]をポリ袋に入れ、よく混ぜる。空気を抜き、袋の上部をしっかり結ぶ。

2. 湯を沸かした鍋に入れ、ポコポコ泡が出る状態を保ちながら15分加熱する。鍋の空いたスペースで中華麺を所定の時間茹でる。

いつもの中華そばにカレー味を足すと今までにない印象的な味わいに

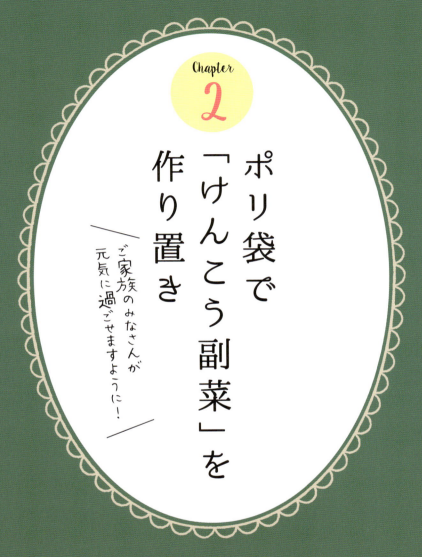

Chapter 2

ポリ袋で「けんこう副菜」を作り置き

\ ご家族のみなさんが元気に過ごせますように！ /

忙しい平日でも野菜の副菜を何品か並べたい！
そんなみなさんの声にお応えして、
栄養面でもバッチリな作り置きの
「けんこう副菜」をご紹介◎
ご家族の体のお悩み解決にも
お役立てくださいね。

どんな病も寄せつけない！
免疫力アップ！

しょうがで体温UP！風邪しらず　　　レンジで6分

《 れんこんの しょうがベーコンあん 》

材料 2～3人分
- れんこん（乱切り）…中1/2本
- ブロッコリー（小房に分ける）…1/2房
- ベーコン（2cm幅）…4枚
- しょうが（千切り）…1かけ
- 顆粒和風だし、しょうゆ…各小さじ1
- 水…大さじ3+1/2
- 片栗粉…大さじ1/2
- 塩…ひとつまみ

作り方
1. 材料をすべてポリ袋に入れ、よく混ぜる。
2. 空気を入れながら袋の上部でしっかり結び、爪楊枝で数箇所に穴をあける。
3. レンジ 500W で 6 分加熱する。

ナットウキナーゼで免疫力　　　レンジで4分

《 納豆と高菜の ソフトふりかけ 》

材料 2～3人分
- 納豆…1パック
- しらす…大さじ4
- 高菜（みじん切り）…1/4カップ強（60g）
- からし（納豆に付いているもの）…1袋
- だし（納豆についているもの）…1袋
- しょうゆ…小さじ1/2
- ごま油…大さじ1

作り方
1. 材料をすべてポリ袋に入れ、よく混ぜる。
2. 空気を入れながら袋の上部でしっかり結び、爪楊枝で数箇所に穴をあける。
3. レンジ 500W で 4 分加熱する。

W発酵食品で腸内をすこやかに
《 納豆チーズ和え 》

レンジで 2分

れんこんで免疫細胞を活発に！
《 れんこんの　ガーリックきんぴら 》

湯煎で 15分

材料 2〜3人分
- ほうれん草…1/2束
- 納豆…1パック
- プロセスチーズ（1cm角切り）…2個
- からし、だし（納豆の付属品）…各1袋
- めんつゆ（2倍濃縮）…小さじ1

作り方
1. ほうれん草を洗い、水気のあるままポリ袋に入れ、袋の口を浅く折る。
2. レンジ500Wで2分加熱する。
3. 袋のまま水にさらし、粗熱が取れたら水気を絞り、3cmの長さに切る。
4. ポリ袋に 1、プロセスチーズ、からし、だし、めんつゆを入れ、よく混ぜ合わせる。

材料 2〜3人分
- れんこん（薄切り）…中1本
- にんにく（薄切り）…1かけ
- 鷹の爪（輪切り）…1/2本分
- めんつゆ（2倍濃縮）…大さじ2
- 砂糖、ごま油、すりごま…各大さじ1

作り方
1. 材料をすべてポリ袋に入れ、よく混ぜる。空気を抜き、袋の上部をしっかり結ぶ。
2. 湯を沸かした鍋に入れ、ポコポコ泡が出る状態を保ちながら15分加熱する。

> ぽっこりお腹が
> 気になる方へ
> **メタボ
> 対策**

しいたけパワーで代謝アップ↑↑ 湯煎で10分

NYで人気！いろんな野菜を一度に

《 ひじきとしいたけの煮物 》

《 チョップドライスサラダ 》

材料 2〜3人分

- ひじき水煮…1袋（110g）
- しいたけ（薄切り）…4枚
- にんじん（千切り）…1/6本
- めんつゆ（2倍濃縮）…大さじ2
- 砂糖…小さじ1

作り方

1. 材料をすべてポリ袋に入れ、よく混ぜる。空気を抜き、袋の上部をしっかり結ぶ。
2. 湯を沸かした鍋に入れ、ポコポコ泡が出る状態を保ちながら10分加熱する。

材料 2〜3人分

- ロメインレタス…8枚
- くるみ…6個
- ごはん（冷ましておく）…茶碗1/2杯
- コーン…1/2缶（45g）
- ひじき水煮…大さじ2
- ノンオイルドレッシング…大さじ2
- 粉チーズ…大さじ1
- こしょう…少々

作り方

1. ポリ袋にロメインレタス、くるみを入れる。袋の口を浅く折り、包丁の裏でよく叩く。
2. 1に材料をすべて入れ、よく振り混ぜる。

72

よく噛む素材は消化にもGood！

《 ごぼうのピリ辛サラダ 》

材料 2〜3人分

ごぼう（千切り）…1本
パプリカ赤（千切り）…1/2個
酢、オリーブオイル、しょうゆ…各大さじ1
七味…小さじ1/4

作り方

1. ポリ袋にごぼう、パプリカを入れ、口を浅く折る。
2. レンジ500Wで3分加熱する。
3. 粗熱が取れたら2にその他の材料をすべて入れ、よく振り混ぜる。

腹持ちする繊維たっぷりメニュー

《 きのこと海藻の酢の物 》

材料 2〜3人分

しめじ（石づきを取りほぐしておく）…1株
エリンギ（横半分にして薄切り）…1本
塩…小さじ1/4
海藻ミックス（水で戻し水気を切っておく）…大さじ4
酢…大さじ1
砂糖、しょうゆ…小さじ1

作り方

1. ポリ袋にしめじ、エリンギ、塩ひとつまみを入れ、袋の口を浅く折る。
2. レンジ500Wで2分加熱する。
3. 粗熱が取れたら1にその他の材料をすべて入れ、よく振り混ぜる。

> 骨や歯を
> けんこうに保つ！
> **カルシウム
> アップ！**

レンジで **2分**

カルシウム豊富な春菊を食べやすく

《 春菊の白和え 》

レンジで **2分**

桜エビを加えてカルシウム補給

《 小松菜と桜エビのナムル 》

材料 2〜3人分

木綿豆腐…1/2丁
春菊（3cm幅に切る）…1/4束
にんじん（千切り）…1/6本
すりごま、めんつゆ（2倍濃縮）…各大さじ2
砂糖…小さじ1

材料 2〜3人分

小松菜（3cm幅に切る）…4本
桜エビ…大さじ4
ごま油…大さじ2
鶏ガラスープの素、おろしにんにく
…各小さじ1

作り方

1. ポリ袋にキッチンペーパーにくるんだ豆腐を入れる。
2. 袋の口を浅く折り、レンジ500Wで1分半加熱し、粗熱を取る。
3. ポリ袋に春菊、にんじんを入れ、口を軽く折り、レンジ500Wで2分加熱。
4. 粗熱が取れたら、**2.**すべての調味料を入れ、豆腐を崩しながらしっかり混ぜる。

作り方

1. ポリ袋に材料をすべて入れ、よく混ぜる。空気を入れながら袋の上部でしっかり結び、爪楊枝で数箇所に穴をあける。
2. レンジ500Wで2分加熱する。

チーズでうま味も補い、けんこうに

《 かぼちゃチーズサラダ 》

レンジで **4分**

材料 2〜3人分

かぼちゃ（ひと口大に切る）…1/4個
ブロッコリー（小房に分ける）…1/4房
プロセスチーズ（1cm幅に切る）…2個
オリーブオイル、レモン汁…各大さじ1/2
塩こしょう…少々

作り方

1. ポリ袋にかぼちゃ、ブロッコリー、オリーブオイルを入れ、袋を振ってなじませ袋の口を浅く折る。
2. レンジ 500W で 4 分加熱する。
3. 粗熱が取れたら **2** にその他の材料をすべて入れ、よく振り混ぜる。

切り干し大根はカルシウムの宝庫

《 切り干し大根サラダ 》

レンジで **2分**

材料 2〜3人分

切り干し大根（水で戻し、軽くしぼる）…120g
にんじん（千切り）…1/6本
ツナ…1缶（70g）
ポン酢…大さじ1
こしょう…少々
パセリ（細かくちぎる）…大さじ1

作り方

1. ポリ袋に切り干し大根、にんじんを入れ、袋の口を浅く折る。
2. レンジ 500W で 2 分加熱する。
3. 粗熱が取れたら **2** にその他の材料をすべて入れ、よく振り混ぜる。

ピカピカ肌で
メイクいらず♪
美肌メニュー

たくあんは肌にも腸にも◎

《 トマトとたくあんの
　　　マヨネーズサラダ 》

材料 2〜3人分
- たくあん（千切り）…2cm
- 玉ねぎ（みじん切り）…1/8個
- マヨネーズ…大さじ2
- トマト（ひと口大に切る）…1個
- かいわれ大根…1/2株

作り方
1. ポリ袋にたくあん、玉ねぎ、マヨネーズを入れ、よく混ぜる。
2. トマトとかいわれ大根を加え、サッと混ぜる。

美肌の基本ビタミン・ミネラル

《 かぼちゃのくるみ
　　　レーズンサラダ 》

材料 2〜3人分
- かぼちゃ…1/4個
- くるみ（手で砕く）…6かけ
- レーズン…大さじ2
- マヨネーズ、ヨーグルト…各大さじ2
- 塩こしょう…少々

作り方
1. ポリ袋にかぼちゃを入れ、袋の口を浅く折る。
2. レンジ500Wで4分加熱。取り出して、ふきんでまわりを包み、ざっくりつぶす。
3. 2に材料をすべて入れ、よく混ぜる。

76

「黒ごま」でアンチエイジング
レンジで 2 分
《 キャベツの黒ごま和え 》

材料 2〜3人分
キャベツ（ざく切りにする）…4枚
黒すりごま…大さじ2
ポン酢…大さじ1
砂糖…小さじ1

作り方
1. ポリ袋にキャベツを入れ、袋の口を浅く折る。
2. レンジ500Wで2分加熱する。
3. 2にその他の材料をすべて入れ、よく振り混ぜる。

つぼみ食材は美肌の最強成分
レンジで 3 分
《 ブロッコリーと
カリフラワーのカレー炒め 》

材料 2〜3人分
ブロッコリー（小房に分ける）…1/2房
カリフラワー（小房に分ける）…1/2房
カレー粉…小さじ1
しょうゆ…小さじ2
オリーブオイル…大さじ1

作り方
1. 材料をすべてポリ袋に入れ、よく混ぜる。
2. 空気を入れながら袋の上部でしっかり結び、爪楊枝で数箇所に穴をあける。
3. レンジ500Wで3分加熱する。

鉄分アップ！

貧血やだるさに効果てきめん！

《 小松菜のアサリ煮 》

アサリ1粒にミネラルたっぷり

湯煎で10分

材料 2〜3人分

小松菜（3cm幅に切る）…2本
油揚げ（油抜きして1cm幅に切る）
…1/2枚（20g）
アサリ水煮缶…1缶（80g）
めんつゆ（2倍濃縮）…大さじ1+1/2

作り方

1. 材料をすべてポリ袋に入れ、よく混ぜる。
2. 空気を抜き、袋の上部をしっかり結ぶ。
3. 湯を沸かした鍋に入れ、ポコポコ泡が出る状態を保ちながら10分加熱する。

《 小松菜とえのきの青のり和え 》

きのこ＆海藻で疲れふっとぶ

レンジで3分

材料 2〜3人分

小松菜（3cm幅に切る）…2本
えのき（石づきを取り半分に切る）
…1袋（120g）
青のり…大さじ1
しょうゆ、鶏ガラスープの素…小さじ1

作り方

1. ポリ袋に小松菜、えのきを入れ、袋の口を軽く折る。
2. レンジ500Wで3分加熱する。
3. **2**に材料をすべて入れ、よく混ぜる。

78

ほぼゼロカロリーで鉄分補給　湯煎で **15分**

《 こんにゃくとしめじの甘辛煮 》

材料 2〜3人分

こんにゃく（ひと口大にちぎる）…1/2枚
しめじ（石づきを取りほぐしておく）
…1/2株
ちくわ（ひと口大に切る）…1本（80g）
かつおぶし…小パック1袋
しょうゆ、砂糖…各大さじ1

作り方

1. 材料をすべてポリ袋に入れ、よく混ぜる。空気を抜き、袋の上部をしっかり結ぶ。
2. 湯を沸かした鍋に入れ、ポコポコ泡が出る状態を保ちながら15分加熱する。

鉄分はきくらげでスルスル補給　レンジで **3分**

《 きくらげとえのきの梅味噌和え 》

材料 2〜3人分

きくらげ（水で戻しておく）…60g
えのき（石づきを取り半分に切る）
…1袋（120g）
青ネギ（3cm幅に切る）…1本
梅干し（種を取り、つぶしておく）…1個
味噌、砂糖…各小さじ1

作り方

1. ポリ袋にきくらげ、えのき、青ネギを入れ、袋の口を軽く折る。
2. レンジ500Wで3分加熱する。
3. **2**にその他の材料をすべて入れ、よく混ぜる。

腸内環境を整え 毎日快便◎ 便秘解消メニュー

ほくほく温かいWポテトのサラダ
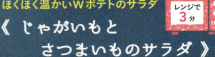

《 じゃがいもと さつまいものサラダ 》

材料 2〜3人分
- じゃがいも（乱切り）…1個
- さつまいも（乱切り）…1/2本
- パセリ（みじん切り）…大さじ1
- オリーブオイル、レモン汁、粉チーズ …各大さじ1
- 顆粒コンソメ…小さじ1/2
- 塩こしょう…少々

作り方
1. ポリ袋にじゃがいもとさつまいもを入れ、袋の口を浅く折る。
2. レンジ500Wで3分加熱する。
3. 2にその他の材料をすべて入れ、よく振り混ぜる。

ふっくら大豆で食べ飽きない

《 大豆きのこ煮 》

材料 2〜3人分
- 大豆水煮…1缶（140g）
- しいたけ（薄切り）…2枚
- しめじ（石づきを取りほぐしておく） …1/4株（25g）
- にんじん（千切り）…1/8本
- めんつゆ（2倍濃縮）…大さじ1
- 砂糖、片栗粉…各小さじ1

作り方
1. 材料をすべてポリ袋に入れ、よく混ぜる。袋の空気を抜き、上部をしっかり結ぶ。
2. 湯を沸かした鍋に入れ、ポコポコ泡が出る状態を保ちながら10分加熱する。

繊維食ごぼうを食べやすくアレンジ　レンジで5分

《 ごぼうとしめじの
　　　甘辛炒め 》

材料2〜3人分

ごぼう（ささがき）…1本
しめじ（石づきを取りほぐしておく）
…1/2株（50g）
ベーコン（1cm幅に切る）…2枚
いんげん（3cm幅に切る）…4本
しょうゆ…大さじ1
みりん、砂糖、ごま油、すりごま
…各大さじ1/2

作り方

1. 材料をすべてポリ袋に入れ、よく混ぜる。
2. 空気を入れながら袋の上部でしっかり結び、爪楊枝で数箇所に穴をあける。
3. レンジ500Wで5分加熱する。

すりごまonで滋味深さUP!　レンジで3分

《 白菜とまいたけの
　　　ごま和え 》

材料2〜3人分

白菜（1cm幅に切る）…2枚
まいたけ（石づきを取りほぐしておく）
…1/2株（60g）
めんつゆ（2倍濃縮）…大さじ1
すりごま…大さじ2
砂糖…小さじ1

作り方

1. ポリ袋に白菜とまいたけを入れ、袋の口を浅く折る。
2. レンジ500Wで3分加熱する。
3. 2にその他の材料をすべて入れ、よく振り混ぜる。

冷えは万病の元！めぐりの良い体に
冷え改善メニュー

とろみスープで体もポカポカ

《 かぶのしょうがあんかけ 》

材料 2～3人分

かぶ（4等分する）…小4個
かぶの葉（小口切り）…4個分
ハム（1枚を8等分）…2枚
しょうが（千切り）…6枚分
しょうゆ、みりん…大さじ1
砂糖、鶏ガラスープの素、片栗粉
　…各小さじ1

作り方

1. 材料をすべてポリ袋に入れ、よく混ぜる。
2. 空気を入れながら袋の上部でしっかり結ぶ。
3. 湯を沸かした鍋に入れ、ポコポコ泡が出る状態を保ちながら20分加熱する。

きゅうりも加熱したホットサラダ

《 にんじんときゅうりの
　　マヨネーズサラダ 》

材料 2～3人分

にんじん（乱切り）…1本
きゅうり（乱切り）…1本
パセリ（みじん切り）…大さじ1
レモン汁…大さじ1
マヨネーズ…大さじ2
塩こしょう…少々

作り方

1. にんじんときゅうりを袋に入れ、口を浅く折る。
2. レンジ500Wで4分加熱する。
3. 粗熱が取れたら、その他の材料をすべて入れ、よく振り混ぜる。

ゆずのリモネンが体を温める
《 大根のゆず酢漬け 》

 レンジで 1.5 分

材料 2〜3人分

大根（薄くいちょう切り）…1/6本
ゆず皮（千切り）…1/2個分
ゆず絞り汁…1/2個分
酢、砂糖…各大さじ1
塩…小さじ1/4

作り方

1. 材料をすべてポリ袋に入れ、よく混ぜる。
2. 空気を入れながら袋の上部でしっかり結び、爪楊枝で数箇所に穴をあける。
3. レンジ500Wで1分半加熱する。

驚くほどネギが甘くクセになる
《 ネギのにんにく味噌煮 》

 湯煎で 10 分

材料 2〜3人分

長ネギ（3cm幅）…2本
おろしにんにく…小さじ1
味噌、水…各大さじ1/2
かつおぶし…小パック1袋

作り方

1. 材料をすべてポリ袋に入れ、よく混ぜる。
2. 空気を抜き、袋の上部をしっかり結ぶ。
3. 湯を沸かした鍋に入れ、ポコポコ泡が出る状態を保ちながら10分加熱する。

不眠症解消メニュー
朝までぐっすり 寝つきも◎

玉ねぎには眠気を促す成分たっぷり

《 玉ねぎのしそサラダ 》

レンジで 2分

材料 2〜3人分

玉ねぎ（繊維を断つ方向に薄切り）…1/2個
しそ（千切り）…4枚
かつおぶし…小パック1袋
ポン酢、オリーブオイル…各大さじ1

作り方

1. 材料をすべてポリ袋に入れ、よく混ぜる。
2. 空気を入れながら袋の上部でしっかり結び、爪楊枝で数箇所に穴をあける。
3. レンジ500Wで2分加熱する。

チンゲン菜のカルシウムが効果大

《 パプリカとチンゲン菜の中華和え 》

レンジで 3分

材料 2〜3人分

チンゲン菜（4等分に切る）…1本
パプリカ（千切り）…1/2個
しょうゆ、砂糖、オイスターソース
…各小さじ1
ごま油…大さじ1

作り方

1. ポリ袋にチンゲン菜、パプリカを入れ、袋の口を浅く折る。
2. レンジ500Wで2分加熱し、ポリ袋ごと水に浸けて冷ます。
3. 2にその他の材料をすべて入れ、よく振り混ぜる。

夕食の副菜はよく眠れるおひたし

《 小松菜のアーモンド和え 》

材料 2〜3人分

小松菜（1本を6等分）…4本
アーモンド（砕いておく）…10粒
しょうゆ…大さじ1/2
砂糖…小さじ1

作り方

1. ポリ袋に小松菜を入れ、口を浅く折る。
2. レンジ 500W で 3 分加熱し、ポリ袋ごと水に浸けて冷ます。
3. 1にその他の材料をすべて入れ、よく振り混ぜる。

春菊の香りに眠気を誘う成分あり

《 大根と春菊の和風煮 》

材料 2〜3人分

大根（乱切り）…1/6本
春菊（3cm幅）…1/4束
しょうゆ、みりん…各大さじ
顆粒和風だし、片栗粉…各小さじ1
水…100ml

作り方

1. 材料をすべてポリ袋に入れ、よく混ぜる。
2. 空気を入れながら袋の上部でしっかり結び、爪楊枝で数箇所に穴をあける。
3. レンジ 500W で 10 分加熱する。

防災に備えよう！キャンプでも役立つ！
缶詰 × ポリ袋レシピ

停電でガスが止まった非常時でも、ストック缶詰とカセットコンロがあれば、あったかい料理を作れるのです。

湯煎で15分

大豆とコーンで具だくさん
トマトツナカレー

 Stock!

 トマト缶　 ツナ水煮缶　 コーン缶　大豆水煮缶　 カレールウ

やさしい味のカレーは全部保存食なのに食べごたえ満点、身も心も満足。

材料 4人分
- トマト缶…1缶
- ツナ…1缶
- コーン…1缶 (90g)
- 大豆水煮…1缶 (140g)
- カレールウ (フレーク状。なければ固形ルーを刻む)…90g

作り方
1. 材料をすべてポリ袋に入れ、よく混ぜる。
2. 袋の空気を抜き、上部をしっかり結ぶ。
3. 湯を沸かした鍋に入れ、ポコポコ泡が出る状態を保ちながら15分加熱する。

湯煎で **15分**

野菜をひと口にたっぷり！
缶詰シチュー

ほんのり甘い
シチューは
具だくさんで
体の調子も整える

材料 4人分

マッシュルーム水煮…1缶
グリーンピース…1缶
ミックスビーンズ…1缶 (120g)
ヤングコーン…1袋
ツナ水煮…1缶
豆乳…400ml
シチュールウ（顆粒のもの
なければ刻む）…40g

作り方

1. 材料をすべてポリ袋に入れ、よく混ぜる。
2. 袋の空気を抜き、上部をしっかり結ぶ。
3. 湯を沸かした鍋に入れ、ポコポコ泡が出る状態を保ちながら15分加熱する。

Stock!

マッシュルーム缶

グリーンピース缶

ミックスビーンズ缶

ツナ水煮缶

ヤングコーン

豆乳

シチュールウ

ポリ袋で、ごはんも炊けます！

電気が使えなくてもカセットコンロで大丈夫！

子どもも大好き！ 洋風おこわ **ツナおこわ**

湯煎で30分

材料 2〜3人分

- もち米（といでおく）
  …2合
- ツナ水煮…1缶
- 冷凍えだまめ
  （房から出しておく）
  …20房
- 鶏ガラスープの素
  …小さじ1
- しょうゆ…小さじ1
- 水…300ml

1

材料をすべてポリ袋に入れ、よく混ぜる。空気を抜き、袋の上部をしっかり結ぶ。

2

湯を沸かした鍋に入れ、ポコポコ泡が出る状態を保ちながら30分加熱する。

もちろん白米だってOK！

米2合をといでおき、水400mlと材料をすべてポリ袋に入れ、よく混ぜる。空気を抜き、袋の上部をしっかり結ぶ。湯を沸かした鍋に入れ、ポコポコ泡が出る状態を保ちながら30分加熱してできあがり。

＼ポリ袋なら／
炊飯器で白米とおこわを一気に炊けます！

**一緒に入れて
スイッチオン！**

2合分の米と水を通常通りの分量で炊飯器にセットし、その上におこわの材料を入れたポリ袋をのせて炊飯モードでスイッチオン。炊き上がったら30分間蒸らせば、一気に白米とおこわが両方完成します！

Chapter 3

ポリ袋スイーツレシピ

日々のおやつも、イベントスイーツもポリ袋で♪

食卓に手作りおやつがあれば、
大人も子どももみんなテンションアップ◎
ポリ袋を活用すれば、オーブンを使わなくても、
手軽に本格スイーツが完成します。
お子さんと一緒に作ってもいいですね！

冷やしておいしい
ラクラク袋スイーツ

レアチーズケーキ

ボールで混ぜるより、ポリ袋の方が、
クリームチーズがカンタン&すぐにクリーミーに。
クラッカーが飛び散らず片づけも楽チン

材料 1台分

[A]
クラッカー…90g
バター（室温に戻しておく）…40g

[B]
クリームチーズ…200g
生クリーム…200g
レモン汁…大さじ2
砂糖…50g
粉ゼラチン（熱湯…大さじ2で溶かしておく）…5g

作り方

1 [A]をポリ袋に入れ、クラッカーを砕きながらよく混ぜる。

2 [B]をポリ袋に入れ、なめらかになるまでよく混ぜる。生クリームは2〜3回に分けて加える。

3 容器に **1**、**2** の順に入れ、冷蔵庫で2時間以上冷やす。

2の工程で[B]のクリームチーズや生クリーム等を混ぜる際には、生クリームを2〜3回に分けて加える。その都度ポリ袋ごと揉み込んでなじませれば、なめらかな仕上がりに。

ココが point

なめらかに仕上げるために

2の工程で[B]のクリームチーズや生クリーム等を混ぜる際には、生クリームを2〜3回に分けて加える。その都度ポリ袋ごと揉み込んでなじませれば、なめらかな仕上がりに。

湯煎で20分

身近な素材でリッチな蒸し菓子を

パンプディング

食パンと卵とレーズン。
特別な材料を用意しなくても、
食べごたえがあり、見た目にも
ゴージャスなスイーツがすぐ完成！

材料 2〜3人分

食パン (1枚を6等分する)…2枚

[A]
卵…1個
牛乳…100ml
レーズン…大さじ1
砂糖…大さじ1
バニラエッセンス…少々

作り方

1. [A] をポリ袋に入れ、よく混ぜる。
2. 食パンを入れて空気を抜き、袋の上部をしっかり結ぶ。
3. 湯を沸かした鍋に入れ、ポコポコ泡が出る状態を保ちながら 20 分加熱する。

ココが point

食パンの並べ方はこちら

すべてのパンに均一に火が通るよう仕上げるには袋の中でパン同士が重ならないように並べるのがポイント。湯煎する際は、この平らな状態のまま鍋の中の皿に置きましょう。

にんじんケーキ

にんじんたっぷり ヘルシースイーツ

レンジで 10分

材料 1台(直径13cm)分

にんじん（すりおろす）…1本
小麦粉…120g
砂糖…60g
卵…2個
オリーブオイル…大さじ2
ベーキングパウダー…小さじ1

作り方

1. 材料をすべてポリ袋に入れ、なめらかになるまでよく混ぜる。
2. 型に入れ、ふんわりラップをして、レンジ500Wで10分加熱する。

裏ごしなしでなめらかな仕上がり

レンジで4分

スイートポテト

ココがpoint

ポリ袋からそのまま絞り出せる！

3の工程で袋の片方の先端を少し切って絞り出せば、市販の「絞り袋」を使わずに、そのままスイートポテト型が完成！まさにポリ袋のメリット大活用スイーツです◎

材料 2〜3人分

さつまいも（皮をむいてひと口大に切る）…1/2本

[A]
バター…20g
牛乳、砂糖…各大さじ2
塩…ひとつまみ
卵黄（あれば）

作り方

1. ポリ袋にさつまいもを入れ、袋の口を軽く折る。レンジ500Wで4分加熱する。
2. [A]をポリ袋に入れ、なめらかになるまでよく混ぜる。
3. 袋の下の先端をハサミで切って、アルミホイルや容器に絞り入れる。卵黄を塗ってトースターで焼き色がつくまで焼く（目安は4分）。

フルーツマシュマロムース

マシュマロとフルーツ 甘みと酸味が絶妙♪

材料 2〜3人分

フルーツ缶（汁気を切っておく）…1缶
マシュマロ…16個
プレーンヨーグルト…100ml

作り方

1. 材料をポリ袋に入れ、よく混ぜる。
2. 容器にヨーグルト、マシュマロ、フルーツの順に盛り、冷蔵庫で3時間以上冷やす。

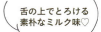

ミルクアイス

舌の上でとろける素朴なミルク味♡

材料 2〜3人分

牛乳…1cup
生クリーム…1cup
コンデンスミルク…60ml

作り方

1. 材料をすべてポリ袋に入れ、よく混ぜる。
2. 平らにして口をしっかり結ぶ。
3. 冷凍庫で冷やし、8割固まったら取り出す（目安は1時間半〜2時間半）。袋のまわりをふきんで包み、混ぜる。

キウイシャーベット

さっぱりシャキシャキお口直しにも

材料 2〜3人分

キウイ…3個
砂糖…大さじ3
レモン汁…大さじ1

作り方

1. 材料をすべてポリ袋に入れ、よく混ぜる。
2. 平らにして口をしっかり結ぶ。
3. 冷凍庫で冷やし、8割固まったら取り出す（目安は1時間半〜2時間半）。袋のまわりをふきんで包み、混ぜる。

Special ① ポリ袋でおせち料理

おしながき

・ローストビーフ
・伊達巻き
・煮しめ
・花れんこん
・さつまいもの小豆煮
・きんとん
・なます

正月料理も
全部ポリ袋で
時短・節約調理が
できちゃう！

💬 赤ワインソースで格調高い味わいに

ローストビーフ

材料 2〜3人分

牛肉ブロック…300g
塩こしょう…適量
おろしにんにく…小さじ1

[A]
赤ワイン、しょうゆ、砂糖
…各大さじ2

作り方

1. ポリ袋に肉を入れ、味が染み込みやすくなるよう肉の表面をフォークで突き刺す。塩こしょう、おろしにんにくを揉み込む。
2. フライパンで**1**を焼き、焼き色を付け、ラップでくるんだ後ポリ袋に入れる。空気を抜いて口を結ぶ。
3. 肉を出した後のフライパンに[A]を入れ、軽くとろみがつくまで煮詰める。
4. 湯を沸かした鍋に**2**を入れ、ポコポコ泡が出る状態を保ちながら15分加熱する。
5. **4**を薄く切って盛りつけ、**3**をかける。

(ポリ袋で混ぜて ふわりとした食感に)

伊達巻き

湯煎で **15**分

材料 2〜3人分

卵…3個
はんぺん…1枚 (120g)
砂糖、みりん…大さじ1
めんつゆ (2倍濃縮)…小さじ1

作り方

1. ポリ袋にはんぺんを入れ、つぶしながらよく揉み、他の材料も入れて、さらに揉み込む。
2. 平らにし、袋の上部をしっかり結ぶ。
3. 湯を沸かした鍋に入れ、ポコポコ泡が出る状態を保ちながら8分加熱。ひっくり返してさらに7分加熱する。
4. 袋を切りタネを出す。巻きすでくるっと丸める。輪ゴムで止めて冷ます。

ココが point

2の工程では袋の左右いっぱいまで使い、生地を均一な厚さで平らにならすのがポイント。仕上がりが美しく◎

(根菜もレンジで やわらかいい塩梅)

煮しめ

レンジで **10**分

材料 2〜3人分

鶏もも肉 (ひと口大に切る)…100g
にんじん (花型に切る)…1/4本
しいたけ (そぎ切り)…2枚
さといも (皮をむく)…小4個
たけのこ水煮 (ひと口大に切る)…1/2個 (120g)
こんにゃく (結びこんにゃくにする)…1/4枚 (80g)
ごぼう (乱切り)…1/2本
絹さや (筋を取ってななめに2等分)…4枚
めんつゆ (2倍濃縮)…大さじ2
砂糖…大さじ1/2
片栗粉…小さじ1

作り方

1. 材料をすべてポリ袋に入れ、よく混ぜる。
2. 空気を入れながら袋の上部でしっかり結ぶ。爪楊枝で数箇所に穴をあける。
3. レンジ500Wで10分加熱する。

> かわいらしさで華を添える一品

花れんこん

レンジで **4**分

材料 2〜3人分

れんこん（花型の5mm幅に切り、酢水に漬けておく）…1/2本
砂糖、みりん…各大さじ2
酢…大さじ3
顆粒和風だし…小さじ1
塩…ひとつまみ
水…100ml

作り方

1. 材料をすべてポリ袋に入れ、よく混ぜる。
2. 空気を入れながら袋の上部でしっかり結ぶ。爪楊枝で数箇所に穴をあける。
3. レンジ500Wで4分加熱する。

> 豆料理をおいもでほくほくアレンジ

さつまいもの小豆煮

レンジで **8**分

材料 2〜3人分

さつまいも（1cm幅の輪切り）…1本
赤飯用小豆…1缶（225g）
砂糖…大さじ4
めんつゆ（2倍濃縮）…大さじ1

作り方

1. 材料をすべてポリ袋に入れ、よく混ぜる。
2. 空気を入れながら袋の上部でしっかり結ぶ。爪楊枝で数箇所に穴をあける。
3. レンジ500Wで8分加熱する。

（隠し味のパインなら甘すぎず箸が進む）

きんとん

レンジで **3**分

材料 2〜3人分

さつまいも（皮をむいてひと口大に切る）
…1本（200g）
パイナップル缶（ひと口大に切る）…2枚

[A]
砂糖…大さじ2
パイナップル缶のシロップ…大さじ2
塩…ひとつまみ

作り方

1. ポリ袋にさつまいもを入れ、袋の口を軽く折る。レンジ500Wで3分加熱する。
2. [A]をポリ袋に入れ、なめらかになるまでよく混ぜる。
3. パイナップルを加えてさっと混ぜ合わせる。

（浸けなくてOK！レンジで味つけ完了）

なます

レンジで **1.5**分

材料 2〜3人分

大根（千切り）…1/8本
にんじん（千切り）…1/3本
砂糖、酢…各大さじ2
塩…小さじ1/4

作り方

1. 材料をすべてポリ袋に入れ、よく混ぜる。
2. 空気を入れながら袋の上部でしっかり結ぶ。爪楊枝で数箇所に穴をあける。
3. レンジ500Wで1分半加熱する。

Special 2 ポリ袋でクリスマス

おしながき

- ローストチキン
- ショコラフレンチトースト
- ツリーポテトサラダ
- ミネストローネ

みんなが集まる
クリスマスに
ポリ袋でカンタン
華やかな食卓に！

（何本でも食べちゃう手羽元ロースト）

ローストチキン

レンジで **7**分

材料 2〜3人分

手羽元…8本
しょうゆ、砂糖、みりん…各大さじ2
おろしにんにく…小さじ1
片栗粉…小さじ1

作り方

1. 材料をすべてポリ袋に入れ、よく混ぜる。
2. 空気を入れながら袋の上部でしっかり結ぶ。爪楊枝で数箇所に穴をあける。
3. レンジ500Wで7分加熱する。

ココアとフルーツで
食パンがごちそうに！

ショコラフレンチ
トースト

レンジで **4**分

材料 2〜3人分

食パン（1枚を8等分する）…2枚
いちご、ブルーベリー、
ホイップクリーム…適量

[A]
卵…1個
牛乳…100ml
ココアパウダー、砂糖…各大さじ2
バター…10g
バニラエッセンス…少々

作り方

1. [A]をポリ袋に入れ、よく混ぜる。

2. 1に食パンを入れて空気を抜き、袋の上部でしっかり結ぶ。爪楊枝で数箇所に穴をあける。

3. レンジ500Wで4分加熱する。

4. 器に盛り、いちごとブルーベリー、ホイップクリームを飾る。

ツリーポテトサラダ

食べたらもったいない？食卓のミニツリー

レンジで **10**分

材料 2〜3人分

じゃがいも（皮をむき、ひと口大に切る）…4個
ミニトマト（半分に切る）…3個
ブロッコリー（小房に分ける）…1房
パプリカ黄（星型に抜く）…1個

[A]
マヨネーズ…大さじ4
粉チーズ…大さじ1
粒マスタード…大さじ1
塩こしょう…少々

粉チーズ（飾り用）
…適量

作り方

1. ポリ袋にじゃがいもを入れ、袋の口を軽く折る。レンジ 500W で 8 分加熱する。
2. 別のポリ袋にブロッコリー、パプリカ、塩少々を入れ、袋の口を軽く折る。レンジ 500W で 2 分加熱し、袋のまま水に浸け冷ます。
3. ふきんで袋のまわりを包み、**1** に [A] を入れる。いもがつぶれるようにしっかり混ぜ、お皿にツリーの形を作る。
4. **2** とミニトマトを飾り、粉チーズを散らす。

ミネストローネ

心も体も温まる野菜スープ

レンジで **12**分

材料 2〜3人分

じゃがいも…1個
玉ねぎ…1/2玉
にんじん…1/4本
ピーマン…2個
ベーコン（すべて1cm角切り）…4枚
顆粒コンソメ…大さじ1
トマトジュース…400ml
塩こしょう…少々

作り方

1. 材料をすべてポリ袋に入れ、よく混ぜる。
2. 空気を入れながら袋の上部でしっかり結ぶ。爪楊枝で数箇所に穴をあける。
3. レンジ 500W で 12 分加熱する。

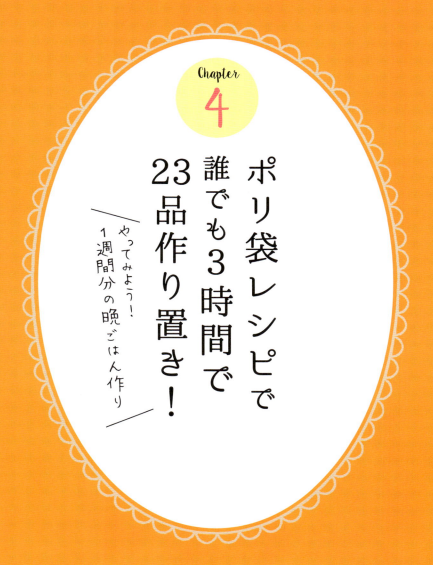

Chapter 4

ポリ袋レシピで誰でも3時間で23品作り置き！

やってみよう！1週間分の晩ごはん作り

これまでに紹介したレシピを組み合わせて、
1週間の献立を作りました！
栄養バランスも計算しているのでぜひお役立てください◎
1週間分のメニューを週末に作り置きする手順、
その簡単なコツもご紹介します。

1週間分、この材料をまとめ買い！

月 火 水 木 金 土 日

本書に掲載したメニューを組み合わせて1週間の献立を作りました。週末に一気に調理すれば、平日楽チン♪ 1週間でこんなに多品目の食材を摂取でき、栄養面もバッチリです。調理プロセスもご紹介！

今回まとめ買いする材料

豚薄切り肉、鶏胸肉、鶏手羽中、牛薄切り肉、ステーキ用牛肉、ブリ、卵、キャベツ、小松菜、にんじん、きゅうり、ほうれん草、春菊、にら、ピーマン、パプリカ、トマト、玉ねぎ、ごぼう、大根、かぶ、じゃがいも、さつまいも、かぼちゃ、ブロッコリー、カリフラワー、パセリ、かいわれ大根、もやし、キウイ、しいたけ、えのき、しめじ、マッシュルーム、にんにく、しょうが、ゆず、木綿豆腐、油揚げ、ハム、プロセスチーズ、たくあん、こんにゃく、ちくわ、トマト缶、アサリ水煮缶、大豆水煮缶

110

月曜日 | キウイと鶏の胸肉のステーキ定食

1人分 **661** Kcal | 1人分 塩分 **3.0** g
（食塩相当量）

主菜
キウイと鶏の胸肉ステーキ → P.30 へ

栄養バランスチャート

- タンパク質 61%
- ビタミン 68%
- 脂質 31%
- ミネラル 40%
- 炭水化物 34%

副菜
かぼちゃチーズサラダ → P.75 へ

副菜
小松菜とえのきの青のり和え → P.78 へ

Point!
各ページにフセンを貼っておくと、味つけの時に便利です！

※各栄養素の値は1日の必要量に占める割合を表します。

| 火曜日 | ブリの照り焼き風定食 |

1人分 **709** Kcal　｜　1人分 塩分 **2.5** g
（食塩相当量）

主菜
ブリの照り焼き風
→ P.52 へ

副菜
にんじんときゅうりのマヨネーズサラダ
→ P.82 へ

副菜
小松菜のアサリ煮
→ P.78 へ

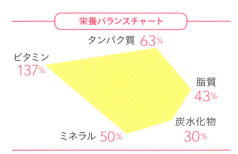

栄養バランスチャート
- タンパク質 63%
- ビタミン 137%
- 脂質 43%
- 炭水化物 30%
- ミネラル 50%

※各栄養素の値は1日の必要量に占める割合を表します。

汁もの ＋αのササっとスープ
サラダ味噌汁

湯煎で10分

材料 2～3人分・作り方
きゅうり（乱切り）1/2 本、トマト（ひと口大に切る）1/2 玉、レタス（ひと口大にちぎる）1枚、顆粒和風だし小さじ1、味噌大さじ1、水 400ml をすべてポリ袋に入れ、よく混ぜる。空気を抜き、袋の上部をしっかり結ぶ。湯を沸かした鍋に入れ、ポコポコ泡が出る状態を保ちながら10分加熱する。

112

水曜日 | 酢豚風定食

1人分 **562** Kcal | 1人分 塩分 **3.0** g
（食塩相当量）

主菜
酢豚風 → P.27 へ

副菜
キャベツの黒ごま和え → P.77 へ

副菜
かぶのしょうがあんかけ → P.82 へ

栄養バランスチャート

- タンパク質 41%
- ビタミン 56%
- 脂質 24%
- ミネラル 41%
- 炭水化物 33%

※各栄養素の値は1日の必要量に占める割合を表します。

木曜日 にらたまもやし定食

1人分 **605** Kcal | 1人分 塩分 **2.4** g
（食塩相当量）

主菜
にらたまもやし → P.61へ

副菜
トマトとたくあんのマヨネーズサラダ → P.76へ

副菜
大豆きのこ煮 → P.80へ

栄養バランスチャート
- タンパク質 46%
- ビタミン 58%
- 脂質 33%
- ミネラル 41%
- 炭水化物 32%

※各栄養素の値は1日の必要量に占める割合を表します。

金曜日 ハヤシライス定食

1人分 **601**Kcal | 1人分 塩分 **3.4**g
（食塩相当量）

主菜
ハヤシライス → P.40へ

副菜
ごぼうのピリ辛サラダ → P.73へ

副菜
大根のゆず酢漬け → P.83へ

栄養バランスチャート
- タンパク質 37%
- ビタミン 46%
- 脂質 25%
- ミネラル 45%
- 炭水化物 36%

汁もの ＋αのササっとスープ
コンソメスープ 湯煎で10分

材料2〜3人分・作り方

ほうれん草（3cmに切る）1本、乾燥わかめ2g、顆粒コンソメ小さじ2、水400mlをすべてポリ袋に入れ、よく混ぜる。空気を抜き、袋の上部をしっかり結ぶ。湯を沸かした鍋に入れ、ポコポコ泡が出る状態を保ちながら10分加熱する。

※各栄養素の値は1日の必要量に占める割合を表します。

土曜日 手羽中のにんにく酢煮定食

1人分 **577** Kcal | 1人分 塩分 **3.0** g
（食塩相当量）

主菜
手羽中の
にんにく酢煮 → P.37 へ

副菜
こんにゃくと
しめじの甘辛煮 → P.79 へ

副菜
春菊の白和え → P.74 へ

栄養バランスチャート

- タンパク質 56%
- ビタミン 51%
- 脂質 25%
- ミネラル 44%
- 炭水化物 30%

※各栄養素の値は1日の必要量に占める割合を表します。

日曜日 タリアータ定食

1人分 **680** Kcal ｜ 1人分 塩分 **2.1** g
（食塩相当量）

主菜
タリアータ → P.38 へ

副菜
ブロッコリーと
カリフラワーのカレー炒め → P.77 へ

副菜
じゃがいもと
さつまいものサラダ → P.80 へ

栄養バランスチャート

- タンパク質 65%
- 脂質 31%
- 炭水化物 34%
- ミネラル 50%
- ビタミン 52%

117　※各栄養素の値は1日の必要量に占める割合を表します。

Let's Start!
3時間で23品作ってみよう!

1 野菜をまとめて切って どんどんポリ袋に 入れていく

まずは使う野菜を一気に洗い、ザルやバットなどにのせて、まな板のまわりにポリ袋を何個も開いてスタンバイ！ かぼちゃやさつまいもなど固い野菜から切っていきましょう。野菜は切った先から、どんどんメニューごとのポリ袋へ仕分けて入れれば、いつもまな板の上はスッキリです♪ 葉物野菜は切るとビタミンが逃げてしまうので、できるだけ後半に処理してくださいね。

23品の野菜カット一覧

にんじん 乱切り
(にんじんときゅうりのマヨネーズサラダ)

にんじん 千切り
(大豆きのこ煮／春菊の白和え)

大根 いちょう切り
(大根のゆず酢漬け)

さつまいも 乱切り
(じゃがいもとさつまいものサラダ)

かぼちゃ ひと口大
(かぼちゃチーズサラダ)

かぶ 4等分
(かぶのしょうがあんかけ)

ごぼう 千切り
(ごぼうのピリ辛サラダ)

じゃがいも 乱切り
(じゃがいもとさつまいものサラダ)

トマト ひと口大
(トマトとたくあんのマヨネーズサラダ／サラダ味噌汁)

ピーマン 乱切り
(酢豚風)

玉ねぎ 薄切り
(ハヤシライス)

玉ねぎ くし切り
(酢豚風)

玉ねぎ みじん切り
(トマトとたくあんのマヨネーズサラダ)

パプリカ 乱切り
(酢豚風)

パプリカ 千切り
(ごぼうのピリ辛サラダ)

ブロッコリー 小房に
(かぼちゃチーズサラダ／ブロッコリーとカリフラワーのカレー炒め)

カリフラワー 小房に
(ブロッコリーとカリフラワーのカレー炒め)

キャベツ ざく切り
(キャベツの黒ごま和え)

レタス ひと口大
(サラダ味噌汁)

キウイ つぶす
(キウイと鶏の胸肉ステーキ)

小松菜 3cm幅に
(小松菜とえのきの青のり和え／小松菜のアサリ煮)

春菊 3cm幅に
(春菊の白和え)

ほうれん草 3cm幅に
(コンソメスープ)

にら 3cm幅に
(にらたまもやし)

きゅうり 乱切り
(にんじんときゅうりのマヨネーズサラダ／サラダ味噌汁)

※分量は、各レシピ参照。作りたい量でどうぞ！

かぶの葉
小口切り
(かぶのしょうがあんかけ)

かいわれ 半分に
(トマトとたくあんのマヨネーズサラダ)

もやし
袋から出す
(にらたまもやし)

しいたけ そぎ切り
(酢豚風)

しいたけ 薄切り
(大豆きのこ煮)

しょうが 千切り
(かぶのしょうがあんかけ)

マッシュルーム
薄切り
(ハヤシライス)

乾燥わかめ
水で戻す
(コンソメスープ)

えのき 半分に
(小松菜とえのきの青のり和え)

しめじ ほぐす
(大豆きのこ煮／こんにゃくとしめじの甘辛煮)

にんにく つぶす
(手羽中のにんにく酢煮)

にんにく すりおろす
(キウイと鶏の胸肉ステーキ／タリアータ)

パセリ みじん切り
(にんじんときゅうりのマヨネーズサラダ／じゃがいもとさつまいものサラダ)

ゆず 千切り
(大根のゆず酢漬け)

ゆず 汁をしぼる
(大根のゆず酢漬け)

大豆水煮
缶から出す
(大豆きのこ煮)

アサリ水煮
缶から出す
(小松菜のアサリ煮)

油揚げ ひと口大
(小松菜のアサリ煮)

こんにゃく
ひと口大
(こんにゃくとしめじの甘辛煮)

ちくわ ひと口大
(こんにゃくとしめじの甘辛煮)

チーズ 1cm角
(かぼちゃチーズサラダ)

ハム ひと口大
(かぶのしょうがあんかけ)

たくあん 千切り
(トマトとたくあんのマヨネーズサラダ)

豆腐 1/2に切る
(春菊の白和え)

2 和えて、揉んで… 野菜の副菜のポリ袋を一気に味つけ

野菜の副菜は全部このタイミングで味つけします。袋ごとに必要な調味料を加え、和えたり、揉み込んだり…どんどん調理を進めていきましょう。この段階で、火を通さない野菜の副菜が何品もできあがります。メニューごとに調理作業をすると、切って、味つけして…同じ作業を何度も繰り返すことになり効率的ではありません。大切なのは、同じ種類の作業はまとめること。それが時短のコツです◎

3 肉、魚、卵…主菜をまとめてポリ袋におさめていく

肉や魚の調理を後半に持ってくるのには、ワケがあります。肉や魚を切ったまな板や包丁は、しっかり洗剤で洗わないと、野菜を切りたくありませんよね。でも、逆なら気にならない◎ この順番を意識するだけで作業の手間を省けるのです。切る時は野菜同様、必要な数のポリ袋をまな板のまわりに広げ、切った先から仕分けていきましょう。その後、それぞれに調味料を加えて味つけします。

にらたまもやし → P.61 へ

キウイと鶏の胸肉ステーキ → P.30 へ

ハヤシライス → P.40 へ

主菜を
ポリ袋に
スタンバイ

ブリの照り焼き風 → P.52 へ

手羽中のにんにく酢煮 → P.37 へ

酢豚風 → P.27 へ

タリアータ → P.38 へ

4 湯煎&レンジで メインの仕上げ 開始！

加熱で仕上げる副菜と主菜のポリ袋は、レンジとコンロ、フル稼働で次々に仕上げましょう。レンジ調理は短時間で完了しますし、湯煎調理は大きな鍋なら2～3個のポリ袋を一気に加熱できるので、どんどん料理が完成します。次の週末に余裕がある場合は、その分の主菜は調理前の状態で冷凍してもOK！ その場合は前日から冷蔵庫に移動してしっかり解凍してから調理してくださいね。

湯煎で完成！

主菜
キウイと鶏の胸肉ステーキ
ブリの照り焼き風
酢豚風
タリアータ
週末の時間に余裕があれば調理前の状態で冷凍保存しても◎

副菜
小松菜のアサリ煮、かぶのしょうがあんかけ、大豆きのこ煮、こんにゃくとしめじの甘辛煮

鍋底の大きな鍋がない！そんな時…

湯煎調理にぴったりな、鍋底の大きい鍋がご自宅にない時、またはあっても使用中で使えない時。頼りになるのがフライパンです。直径が広くて鍋肌にポリ袋が付く心配も少ないのがうれしいところ。ぜひお試しくださいね（オムライス［P.58］のようにポリ袋を立てて湯煎する場合には合わないケースもあります）

 レンジで完成！

主菜
にらたまもやし
ハヤシライス
手羽中のにんにく酢煮
週末の時間に余裕があれば調理前の状態で冷凍保存しても◎

副菜
かぼちゃチーズサラダ、小松菜とえのきの青のり和え、にんじんときゅうりのマヨネーズサラダ、キャベツの黒ごま和え、ごぼうのピリ辛サラダ、大根のゆず酢漬け、春菊の白和え、ブロッコリーとカリフラワーのカレー炒め、じゃがいもとさつまいものサラダ

おわりに

最後まで読んでくださり、ありがとうございます。お気に入りのレシピは見つかりましたか？

私が料理を作り続けてこられたのは、お料理を作った時に、みんなが「おいしい」と食べてくれた時に感じた "うれしさ"。また自分で作った料理を食べる "喜び"。これらが私の原動力です。

今の時代、忙しい方も多く、なかなか家庭でお料理を作ることが難しいと思います。そんな中で私がメディアを通じて紹介した、「時短でおいしく作れるレシピ」に多くの反響をいただきました。「簡単においしく作れて助かった」「家族に喜んでもらえた」など、様々な喜びの声をいただけて本当に感激しました。

私は今作はもちろん前作でも、1人でも多くの方に「料理の楽しさ」や「おうちでごはんを食べる喜び」を感じていただきたいと思いレシピを考えています。

簡単で栄養満点でおいしい料理はどうすれば作れるのか。日々、いろんなものを食べて研究しています。でも料理の「楽しさ」や「喜び」を知っていただくのはそう簡単なことではありません。だから私が経験してきたすべてをレシピに反映しなければならないと思いレシピを考えました。伝えられるすべてのことをレシピで表現したつもりです。

私のレシピが、みなさんの明日を頑張る力に、少しでもなれれば、とてもうれしいです。

126

〈mako公式ホームページ〉
http://makofoods.com/

Instagram｜@makofoods
twitter｜@makofoods

Staff

写真　　　　　　　貝塚純一
カバーデザイン　　藤田康平（Barber）
本文デザイン　　　杉本ひかり、山地茉里香、山内優奈（ワンダフル）
フードスタイリスト　サイトウレナ
ヘアメイク　　　　貞廣有希
イラスト　　　　　えなみかなお（asterisk-agency）
DTP　　　　　　　坂巻治子
校正　　　　　　　深澤晴彦
協力　　　　　　　UTUWA
マネジメント　　　中根勇
出版プロデューサー　飯泉亜希子、将口真明、薮島健司、
　　　　　　　　　飯田和弘（日本テレビ）
構成　　　　　　　西澤まどか
編集　　　　　　　高木沙織
編集統括　　　　　吉本光里（ワニブックス）

ヒルナンデス！TV Staff

チーフプロデューサー　　遠藤正累
演出　　　　　　　　　　五歩一勇治
曜日演出　　　　　　　　有田駿介
統轄プロデューサー　　　三觜雅人
プロデューサー　　　　　黄木美奈子、小林拓弘、笹木哲
　　　　　　　　　　　　筒井梨絵（AX-ON）、石川絵里（AX-ON）

予約の取れない家政婦マコの
ポリ袋で
つくりおき

著者　**mako**

2018年12月10日　初版発行

発行者　　横内正昭
編集人　　青柳有紀

発行所　　株式会社ワニブックス
〒150-8482
東京都渋谷区恵比寿4-4-9　えびす大黒ビル
03-5449-2711（代表）
03-5449-2716（編集部）

ワニブックスHP　　　http://www.wani.co.jp/
WANI BOOKOUT　　http://www.wanibookout.com/

印刷所　　株式会社美松堂
製本所　　ナショナル製本

定価はカバーに表示してあります。
落丁本・乱丁本は小社管理部宛にお送りください。送料は小社負担にて
お取替えいたします。ただし、古書店等で購入したものに関してはお取
替えできません。
本書の一部、または全部を無断で複写・複製・転載・公衆送信すること
は法律で認められた範囲を除いて禁じられています。

©mako,NTV 2018
ISBN978-4-8470-9742-3